LISA GEIGER

SCHWÄBISCH VEGAN

Über 50 gscheide Rezepte
ausm Ländle

Ulmer

INHALT

AM MORGEN   8

Z'MITTAG   24

WIE ES WURDE, WAS ES IST

Niemals würde ich so fluffige Dampfnudeln hinbekommen wie meine Mutter, davon war ich überzeugt. Dieser mystische Moment, wenn der Deckel gelüftet wird und die karamellisierten und luftig aufgegangenen Hefeklöße nach einer glücklichen Kindheit duften, schien nur unter den kundigen Händen der Mutter zu gelingen. Mein Talent in der Küche bestand bisher darin, Suppen eine verkohlte Note zu verleihen.

Die Wendung brachte Karen Duve's Ernährungs-Selbstversuch „Anständig essen", in dem die Autorin auch die vegane und vegetarische Lebensweise testet. Sie zitiert die gängigen Schlachthausberichte und Massentierhaltungsfakten. Allein schon das Lesen dieser Tatsachen rührte mein tierliebes Herzle. Warum esse ich eigentlich ein Kälbchen, aber nicht meine Katze? Seite für Seite wurde mein Entschluss klarer: Mir kommt kein Schnitzel mehr auf den Teller. Beim Erkunden der veganen Küche entdeckte ich neue Zutaten, experimentierte mit Tofu, Seitan und Tempeh und begann erstmals wirklich zu kochen.

In meiner Wahlheimat Berlin-Kreuzberg ist veganes Essen genauso wenig exotisch wie Tannen im Schwarzwald. Doch zwischen Chia-Pudding und Acaí-Bowls vermisste ich Omas Hausmannskost. Als Social Media Konzepterin lag die Idee nahe, Rezepte aus meiner Heimat als Food Blog umzusetzen. Ich schnappte mir eine Kamera, kochte, fotografierte und veröffentlichte die Rezepte in Schritt-für-Schritt-Anleitungen unter dem Titel „Vegane Rezeptle". Da die Übergänge zu den angrenzenden Regionen – Elsass oder Baden – fließend sind und in der schwäbischen Bauernwirtschaft durchaus Flammkuchen aufgetischt wird, spiegelt die Rezeptauswahl die ganze kulinarische Vielfalt der Region wider.

Mit diesen veganen Gerichten, angepasst und optimiert bis sie meinen Kindheitserinnerungen an das Original entsprachen, konnte ich endlich wieder Lieblingsrezepte aus meiner Kindheit kochen. Wenn ich jetzt den Deckel vom Dampfnudeltopf lüfte und dazu eine traumhafte Vanillesauce mit Mandelmus fließt, schmecken die Gerichte gerade vegan umso besser, weil kein Tier für den Genuss leiden musste.

Viel Spaß beim (Wieder-)Entdecken eurer Lieblingsrezepte!

Eure
Lisa

VEGANE SCHWÄBISCHE KÜCHE
Die wichtigsten Fragen und Antworten

Wie soll man dieses Buch benutzen?

Die Rezepte sollen inspirieren, an die Kindheit erinnern und glücklich machen. Egal, ob Hardcore-Veganer, Flexitarier, Allergiker oder sogar Fleisch-Fan: Die Gründe für den Verzicht auf tierische Produkte sind vielfältig, aber die Lust auf Hausmannskost bleibt. Zu besonderen Anlässen oder einfach, weil man den Geschmack eines Gerichts aus der Heimat vermisst, gelingen die meisten dieser Rezepte überraschend einfach.

Vielleicht baut dieses Buch eine Brücke zwischen unserer Vergangenheit und unserer Zukunft. Vielleicht kann dieses Buch an die Gerichte unserer Mütter und Großmütter erinnern und gleichzeitig die Welt ein kleines bisschen besser machen.

Funktioniert so die vegane Ernährung?

Gleich zu Beginn muss dieser Mythos aufgeklärt werden. Die Gerichte in diesem Buch entsprechen nicht der typisch pflanzlichen Ernährung, sondern sie sollen Hausmannskost auch vegan ermöglichen. Im Alltag kommen eher Avocado, Nüsse, Hülsenfrüchte und viel Gemüse auf den Teller.

Ist vegane Ernährung gesund?

Wer sich richtig vegan ernährt, lebt gesund. Da auf Fleisch, Milch und Eier verzichtet wird, beschäftigen sich Veganer oft noch stärker mit den Inhaltsstoffen ihrer Nahrung und sind sich bewusst, wie ausgewogene Ernährung aussieht. So fügt man den Gerichten gerne eisen- oder kalziumhaltige Lebensmittel hinzu, beispielsweise Bohnen oder Brokkoli. Die Natur bietet jede Menge leckerer Alternativen zu tierischen Produkten.

Die Rezepte in diesem Buch sind größtenteils nicht zu Diätzwecken geeignet, genauso wenig wie in ihrer nicht-veganen Version. Das klassische „Comfort Food" aus Omas Nachkriegsküche versüßt einen Sonntag oder ergänzt den sonst gesunden Speiseplan.

Warum imitiert man als Veganer oder Vegetarier eigentlich Fleischgerichte?

Jeder hat andere Gründe für seine Ernährungsweise. Ein Veganer oder Vegetarier vermisst vielleicht den Geschmack von Schnitzel, möchte aber nicht für den Tod eines Lebewesens verantwortlich sein. Solche ethischen Gründe machen nicht unbedingt frei von fleischlichen Gelüsten.

Dieses Kochbuch soll Heimatgerichte auch vegan möglich machen und probierfreudigen Essern zeigen, dass sie das fehlende Fleisch gar nicht bemerken würden, wenn das richtige Rezept entsprechenden Ersatz findet. Zum Zweck der Demonstration zeigen einige Rezepte, wie man Gerichte wie Wurst oder Rouladen auch vegan herstellen kann. Genauso gut und eher der veganen Küche entsprechend sind allerdings die Speisen ohne Fleischersatz, z. B. eine Pilzpfanne mit selbst gemachten Semmelknödeln ▶ S. 35 – ein vollwertiges Gericht.

Worauf muss man beim Einkaufen achten?

Wer nicht das Glück hat, einen veganen Supermarkt vor der Haustür zu haben, muss bei einigen Zutaten genau auf die Inhaltsstoffe achten. Ein klassisches Beispiel ist Margarine. Häufig ist auch in Margarine ein wenig Molke enthalten, deshalb lohnt sich ein genauer Blick auf das Etikett.

Welche Küchengeräte braucht man für diese Rezepte?

Da sich diese Rezepte nur in den Zutaten von echter schwäbischer Hausmannskost unterscheiden, braucht man für die Zubereitung auch die gleichen Geräte. Ob man Omas Küchenschrank plündert oder im Internet mit wenigen Klicks die richtigen Hilfsmittel findet – manche Rezepte funktionieren nur mit Spezial-Werkzeug. Für echte schwäbische Spätzle gibt es verschiedene Geräte, z. B. die Spätzle-Hex, den Hobel oder die Presse. Weckmänner werden am besten mit einem Ausstecher aus dem Teig gelöst und der Gugelhupf gelingt nur mit der entsprechenden Backform.

Auch bei veganen Ersatzprodukten wie Sojajoghurt, veganer Wurst oder veganem Käse kann das falsche Produkt zu einem semioptimalen Geschmackserlebnis führen. Da hilft nur: durchprobieren oder nach Empfehlung kaufen. Bei einigen Rezepten in diesem Buch sind die Marken benannt, mit denen das Rezept möglichst originalgetreu gelingt.

AM MORGEN

Der vegane frühe Vogel kann ein Lied davon singen: Wer sich noch lebhaft an fleischliche Freuden am Frühstückstisch erinnert, dem fehlen anfangs die Alternativen. Die üblichen verdächtigen Vegan-Vorbilder fahren Brotbeläge wie Avocado und Hummus auf, bis auch diese irgendwann abgefrühstückt sind. Nostalgische Fleischfans ernten dagegen Applaus am Brunchbüfett für rein pflanzliche Aufstriche wie vegane Leberwurst, veganes Zwiebelmett und veganen Obatzten. Neben einem guten Gewissen gönnt sich der gesundheitsbewusste Frühstücker so auch wichtige Nährstoffe.

BREZELN
Laugengebäck mit Gute-Lauge-Garantie

Kaum zu laugen – Laugenbrezeln gelingen auch am heimischen Herd. Nach einem sprudelnden Natronbad lockt der krosse Knoten jeden Hobbybäcker hinter dem herzhaft duftenden Ofen hervor.

🕐 2 Stunden
(inkl. Ruhezeiten für den Teig)
+ 30 Minuten Backzeit

⭐ Aufwendig, aber machbar

🍴 Für 10 Brezeln

Zutaten

1 Würfel Hefe

300 ml Mandelmilch

1 TL Zucker

500 g Mehl

1 TL Salz

50 g vegane Margarine

2 EL Haushaltsnatron

grobes Salz

- Die Hefe mit 100 ml erwärmter Mandelmilch und dem Zucker verrühren, bis keine Klümpchen mehr zu sehen sind und anschließend 10 Minuten stehen lassen.

- Mehl, Salz, Margarine und die restlichen 200 ml Mandelmilch in einer Schüssel vermischen und die aktivierte Hefemilch in die Mitte geben. Daraus mit der Hand geduldig einen Teig kneten, der 45 Minuten lang abgedeckt ruhen darf.

- Den Teig noch einige Male gut durchkneten, anschließend in 10 kleinere Kugeln aufteilen. Jede Teigkugel mit der Hand auf einem großen Backbrett zu ca. 10 cm langen Strängen rollen, die zu den Enden hin dünner werden. Die Enden werden überkreuzt auf die Mitte des Teigstrangs gelegt, sodass die typische Brezelform entsteht. Nochmal abgedeckt 10 Minuten ruhen lassen. Den Backofen auf 180 °C (Ober-/Unterhitze) vorheizen.

- In einem großen Topf 1,5 Liter Wasser aufkochen, das Natron hinzufügen und die Brezeln einzeln vorsichtig mit einem Schaumlöffel hineingeben. Nach 10 Sekunden die Brezeln im Bad wenden und mit dem Schaumlöffel wieder herausheben. (Das Natronwasser kann anschließend über die Spüle entsorgt werden und reinigt dabei noch den Abfluss.)

- Die Brezeln auf ein mit Backpapier belegtes Backblech legen, mit einem scharfen Messer einschneiden, mit grobem Salz bestreuen und im vorgeheizten Backofen ca. 20–30 Minuten goldbraun backen.

Tipp ▶▶▶ Klassisch wird die Brezel mit grobem Salz bestreut. Laugengebäck lässt sich aber auch mit Sesam, Mohn oder Kürbiskernen aufbrezeln.

DREIERLEI BROTAUFSTRICHE
Leberwurst, Zwiebelmett und Obatzter auf einen Streich

Für herzhafte Frühstücksfreunde bietet die vegane Küche allerlei unprätentiöse Brotaufstriche, die an fleischliche Freuden erinnern. Mit der Trilogie aus veganem Obatzten, Zwiebelmett und veganer Leberwurst sind tierische Wurst und Käse abgefrühstückt.

 Je ca. 15 Minuten + 2 Stunden Kühlzeit (oder über Nacht)

 gelingt einfach

 Für je 1 großes Einmachglas

LEBERWURST

Zutaten

400 g Kidneybohnen (Dose)

1 Zwiebel

200 g Räuchertofu

½ TL Knoblauchpulver

3 TL Majoran

3 EL Sonnenblumenöl

1 EL Zitronensaft

1 TL Paprikapulver

1 TL Petersilie

Salz & Pfeffer

• Kidneybohnen in einem Sieb abtropfen lassen.

• Zwiebel abziehen und klein schneiden. Räuchertofu in kleine Würfel schneiden. Beides in einer Pfanne leicht anbraten.

• Alle Zutaten zusammen in eine Schüssel geben und mit dem Stabmixer zerkleinern.

• Die Leberwurst über Nacht oder mindestens 2 Stunden im Kühlschrank durchziehen lassen.

OBATZTER

Zutaten

200 g Naturtofu

100 g Seidentofu

1 Zwiebel

Rapsöl zum Braten

150 g vegane Margarine

3 EL Zitronensaft

1 EL Bier

4 EL Hefeflocken

3 TL Paprika edelsüß

2 TL Kümmel

Salz & Pfeffer

- Den Naturtofu mit der Hand in einer Schüssel zerbröseln, den Seidentofu dazugeben und mit der Gabel zerdrücken.

- Die Zwiebel abziehen, in kleine Würfel hacken und in einer Pfanne im Rapsöl glasig dünsten.

- Gedünstete Zwiebeln, Margarine, Zitronensaft, Bier, Hefeflocken, Paprika, Kümmel, Salz und Pfeffer zum Tofu geben und alles mit dem Stabmixer zerkleinern, bis keine Stückchen mehr erkennbar sind.

- Den Obatzten über Nacht oder mindestens 2 Stunden im Kühlschrank durchziehen lassen.

ZWIEBELMETT

Zutaten

100 g Reiswaffeln natur

300 ml warme Gemüsebrühe

1 Zwiebel

2 EL Öl

1 EL Tomatenmark

1 TL Paprikapulver edelsüß

½ TL Muskatnuss, frisch gerieben

1 TL Gurkenwasser

Salz & Pfeffer

- Reiswaffeln in einer Schüssel mit der Hand zerbröseln und mit der warmen Gemüsebrühe übergießen.

- Zwiebeln abziehen, in möglichst kleine Würfel schneiden und in einer Pfanne im Öl glasig dünsten.

- Angedünstete Zwiebeln, Öl, Tomatenmark, Paprikapulver, Muskat, Gurkenwasser, Salz und Pfeffer in die Schüssel zu den eingeweichten Reiswaffeln geben und alles gut durchmischen.

- Das Zwiebelmett über Nacht oder mindestens 2 Stunden im Kühlschrank durchziehen lassen.

RÜHREI MIT SPECK
Das Frühstücksei aus hart gerechter Kühlschrankhaltung

Immer wieder sonntags schmücken den Frühstückstisch allerlei Köstlichkeiten. Für Ei-Enthusiasten ist Rührei ein unverzichtbarer Brunch-Bestandteil, den auch der vegane Gaumen goutiert.

 15 Minuten

 gelingt einfach

 Für 2 Portionen

Zutaten

50 g Räuchertofu

Rapsöl zum Braten

200 g Naturtofu

100 g Seidentofu

1 TL Kurkuma

Kala Namak-Salz

Pfeffer

Schnittlauchröllchen

- Räuchertofu in möglichst kleine Würfel schneiden, mit Rapsöl in einer Pfanne anbraten und beiseitestellen.

- In einer Schüssel den Natur- und Seidentofu mit einer Gabel zerdrücken. Mit Kurkuma, Kala Namak-Salz und Pfeffer würzen, alles gut vermischen und mit Rapsöl in einer Pfanne anbraten.

- Das Rührei mit dem Räuchertofu-Speck und etwas Schnittlauch anrichten.

Tipp ▶▶▶ Auch wenn wir über ungelegte Eier reden, sollten diese möglichst nach dem echten Hühner-Erzeugnis schmecken. Der Geheimtipp für den originalgetreuen Geschmack ist das Kala Namak-Salz, das mit seiner schwefeligen Note an Ei erinnert.

RUSTIKALES BAUERNBROT
Täglich' Brot zum Einverlaiben

Wer noch nie selbst Brot gebacken hat, wird überrascht sein, wie einfach es ist. Entsteigt der Laib dem duftenden Ofen, schmeckt er umso köstlicher, weil man weiß, dass diese Frühstücksfantasie der eigene Brotverdienst ist.

 20 Minuten
+ 8 Stunden Ruhezeit
+ 30 Minuten Backzeit

 gelingt einfach

 Für 1 mittelgroßen Laib Brot

Zutaten

400 g Dinkelmehl

100 g Roggenvollkornmehl

300 ml Wasser

1 TL Trockenhefe

2 TL Salz

- Alle Zutaten mit einem Rührgerät gut verkneten, bis eine klebrige Teigmasse entsteht. Den Teig in einer Schüssel abgedeckt über Nacht im Kühlschrank ruhen lassen.

- Am nächsten Tag den Backofen auf 180 °C (Ober-/Unterhitze) vorheizen. Mit der Hand den Teig aus der Schüssel nehmen, den Laib von beiden Seiten festhalten und einmal in der Mitte zwirbeln, sodass eine rustikale Brotform entsteht.

- Den Laib auf Backpapier setzen und im vorgeheizten Backofen bei 180 °C ca. 30 Minuten backen.

Tipp ▶▶▶ Von diesem Brot kann sich wirklich jeder eine Scheibe abschneiden. Eigenbrötler experimentieren mit verschiedenen Mehlsorten, Walnüssen oder Wildkräutern im Teig. Das Brot bleibt in einem Kasten in Papier eingeschlagen lange frisch und lässt sich auch einfrieren.

SEELEN
Backen mit Laib und Seele

Ob Seele oder „Briegel" – die leckeren Stangen, mit Salz und Kümmel bestreut, gelingen problemlos auch zu Hause. Dort sorgen sie für seelige Gesichter.

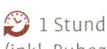 1 Stunde
(inkl. Ruhezeiten für den Teig)
+ 8 Stunden Ruhezeit
+ 35 Minuten Backzeit

 aufwendig, aber machbar

 Für etwa 10 Seelen

Zutaten

800 g Dinkelmehl

200 g Weizenmehl

20 g Salz

1 Würfel frische Hefe

1 TL Zucker

700 ml Wasser

Kümmel

grobes Salz

Salzwasser zum Bepinseln

- Beide Mehlsorten in eine Schüssel sieben und das Salz dazugeben. Die Hefe zerbröckeln, mit Zucker und 100 ml lauwarmem Wasser verrühren und 10 Minuten stehen lassen.

- Das Hefe-Wasser-Gemisch und die restlichen 600 ml Wasser zum Mehl in die Schüssel geben und mit dem Rührgerät 20 Minuten kneten. Den klebrigen Teig abgedeckt über Nacht im Kühlschrank ruhen lassen.

- Am nächsten Tag den Teig noch einmal ausgiebig durch-kneten und weitere 30 Minuten abgedeckt ruhen lassen. Backofen auf 180 °C (Ober-/Unterhitze) vorheizen.

- Mit einem Teigschaber von dem großen Fladen kleinere Streifen abstechen und vorsichtig mit nassen Händen auf das Backpapier setzen.

- Die Teigstreifen mit lauwarmem Wasser bestreichen, mit Kümmel und grobem Salz bestreuen und im vorgeheizten Ofen 35 Minuten goldbraun backen.

- Nach dem Backen die Seelen mit Salzwasser bepinseln und abkühlen lassen.

Tipp ▶▶▶ Der Kümmel liegt übrigens weder schwer auf der Seele, noch im Magen. Im Gegenteil: Er kümmert sich um eine gute Verdauung und wirkt sogar entgiftend. Wer die Superfood-Stangen länger haltbar machen will, der kann sie problemlos einfrieren. Denn die abendfüllende Back-Aktion rechtfertigt eine Vorratsproduktion.

WECKLE
Grundnahrungsmittel fürs Frühstück

Aufgeweckte Frühstücker wissen, dass man manchmal auch kleine Brötchen backen muss. Weckle, auch bekannt als Schrippe oder Semmel, kommen morgens auf den Tisch, sind aber auch in Hauptgerichten nicht wegzudenken. ▶ S. 35 Semmelknödel ▶ S. 73 Fleischkäsweckle

 30 Minuten
+ 8 Stunden Ruhezeit
+ 20 Minuten Backzeit

 gelingt einfach

 Für 9 Weckle

Zutaten

400 ml Wasser

1 Würfel Hefe

600 g Weizenmehl

1 TL Salz

- In 100 ml lauwarmem Wasser die zerbröselte Hefe mit einem Schneebesen verrühren, bis keine Klumpen mehr zu sehen sind. Die Mischung für 10 Minuten stehen lassen.

- Mehl, Salz, das Hefe-Wasser-Gemisch und die restlichen 300 ml Wasser zusammen in einer Schüssel verrühren und zu einem Teig kneten. Über Nacht abgedeckt im Kühlschrank ruhen lassen.

- Am nächsten Tag den Teig nochmal gut durchkneten und mit Mehl bestäuben, bis er nicht mehr klebrig ist. Faustgroße Kugeln aus dem Teig formen und auf ein mit Backpapier ausgelegtes Backblech legen. Hier dürfen die rohen Brötchen nochmal 15 Minuten abgedeckt ruhen. Den Backofen auf 180 °C (Ober-/Unterhitze) vorheizen.

- Die Weckle im heißen Ofen ca. 20 Minuten backen.

Tipp ▶▶▶ Für Abwechslung im Brötchenkorb einfach Sesam, Kürbiskerne oder Mohn vor dem Backen auf die noch rohen Teiglinge streuen.

Z'MITTAG

Die wichtigste Mahlzeit des Tages hängt nicht von der Uhrzeit, sondern von den Gästen ab. Ob mittags oder abends – wenn das gute Geschirr aus dem Schrank auf den Tisch kommt und die ganze Familie sich um das besondere Festmahl schart, geht die kulinarische Zusammenkunft ins kollektive Gedächtnis ein. So wie Opas Spruch nach solchem Schmaus: „Ich leg mich jetzt hin und ihr macht's G'schirr." Das beste Dessert für so ein deftiges schwäbisch-badisches Essen ist eben der Mittagsschlaf oder der selbst gebrannte Obstler.

FLÄDLESUPPE
Von Pfannkuchen gestreifte Gemüsebrühe

Weil schon Großmutter wusste, dass die einfachsten Rezepte oft die besten sind, schnitt sie Pfannkuchen vom Vortag in Streifen und ließ sie in der Suppe schwimmen. Flädlesuppe oder auch Frittatensuppe möchte jeder gerne selbst auslöffeln.

 1 Stunde
+ 30 Minuten Ruhezeit

 gelingt einfach

 Für ca. 6 Portionen

Zutaten

250 g Weizenmehl

2 EL Sojamehl mit etwas Wasser angerührt

100 ml Mineralwasser

1 Päckchen Backpulver

500 ml Pflanzenmilch

1 TL Salz

2 Bund Suppengrün

2–3 l Wasser

Salz & Pfeffer

vegane Margarine zum Braten

etwas Schnittlauch

• In einer Schüssel das Mehl, die Sojamehl-Wasser-Mischung, Mineralwasser, Backpulver, die Pflanzenmilch und das Salz mit einem Schneebesen vermengen, bis ein glatter Teig entsteht. Diesen 30 Minuten ruhen lassen.

• Das Gemüse des Suppengrüns waschen, schälen, klein schneiden und in einem Topf mit dem Wasser ca. 30 Minuten köcheln lassen. Dann die Petersilie klein hacken und mit in den Topf geben, Salz und Pfeffer zugeben und weitere 10 Minuten kochen lassen. Die Gemüsebrühe durch einen Sieb gießen und das Gemüse auffangen.

• Den Pfannkuchenteig kurz durchrühren. Margarine in einer Pfanne erhitzen. Mit einer Schöpfkelle portionsweise Teig in eine Pfanne geben und alle Pfannkuchen nacheinander ausbacken. Dann die Pfannkuchen aufrollen und in gleichmäßige dünne Streifen schneiden.

• Die Suppe zusammen mit den Flädle und etwas Schnittlauch servieren.

Tipp ▶▶▶ Üblicherweise ist Flädlesuppe das Reste-Essen vom Pfannkuchenschmaus am Vortag. Deshalb können die Pfannkuchen auch aus dem Kühlschrank kommen, denn in Streifen geschnitten wärmen sie sich in der heißen Brühe sowieso. Suppenkasper mit wenig Geduld brauen sich ihre Gemüsebrühe einfach mit Fertigpulver.

PFANNKUCHEN MIT PFIFFERLING-RAHMSOßE
Herbstliches Pilzgericht in goldgelber Robe

Pfifferlinge ersetzen mit ihrem nussig-pfeffrigen Geschmack jede Fleischbeilage. Von Juni bis November finden fleißige Sammler die kleinen Männlein im Wald oder beim Pilz-Dealer ihres Vertrauens.

 50 Minuten
+ 30 Minuten Ruhezeit

 gelingt einfach

 Für ca. 6 Portionen

Zutaten

250 g Weizenmehl

2 EL Sojamehl mit etwas Wasser angerührt

100 ml Mineralwasser

1 Päckchen Backpulver

500 ml Pflanzenmilch

1 TL Salz

1 Zwiebel

200 g Räuchertofu

500 g Pfifferlinge

vegane Margarine oder Öl zum Braten

250 ml Sojasahne

Salz & Pfeffer

• In einer Schüssel das Mehl, die Sojamehl-Wasser-Mischung, Mineralwasser, Backpulver, die Pflanzenmilch und das Salz mit einem Schneebesen vermengen, bis ein glatter Teig entsteht. Diesen 30 Minuten ruhen lassen.

• Zwiebel abziehen und fein würfeln. Räuchertofu in kleine Würfel schneiden.

• Die Pfifferlinge gründlich putzen: Dabei mit einem kleinen Messer von oben kurz unter dem Hütchen nach unten den Stiel leicht abschaben, bis der Schmutz entfernt ist. Nicht mit Wasser waschen!

• Zwiebel und Räuchertofu in einer Pfanne in etwas Öl oder Margarine anbraten. Nach ein paar Minuten die Pilze zugeben. Wenn alles goldbraun angebraten ist, die Sojasahne hinzufügen, mit Salz und Pfeffer würzen und etwas einköcheln lassen.

• Den Pfannkuchenteig kurz durchrühren, mit einer Schöpfkelle portionsweise in eine Pfanne geben und alle Pfannkuchen nacheinander mit etwas Margarine ausbacken.

• Pfannkuchen auf dem Teller anrichten, Pilzsoße darauf geben und den Pfannkuchen halb zuklappen.

KOHLRABISCHNITZEL MIT BRÄGELE
Das gesündeste Schnitzel jenseits des Schwarzwalds

Als deutsche Kartoffel lässt man sich gerne in die Pfanne hauen und verwandelt sich vom Erdapfel zur Bratkartoffel. Kohlrabi komplettiert das Gericht und wälzt sich genüsslich in Panade, bevor es goldbraun aus der Bratpfanne kommt.

 1 Stunde

 gelingt einfach

 Für ca. 2 Portionen

Zutaten

500 g Kartoffeln

1 Zwiebel

Sonnenblumenöl zum Braten

Bratkartoffel-Gewürz

Salz & Pfeffer

1 Kohlrabi

250 ml Pflanzenmilch

100 g Mehl

Semmelbrösel

- Kartoffeln in einem Topf mit heißem Wasser ca. 30 Minuten kochen oder dünsten. Dann unter kaltem, fließenden Wasser abschrecken und pellen. Die Kartoffeln auf einer Reibe in dünne Scheiben reiben.

- Zwiebel abziehen, in kleine Würfel schneiden und in einer großen Pfanne in etwas Öl anbraten. Nach ein paar Minuten die Kartoffelscheiben zugeben und mindestens 20 Minuten lang anbraten. Anschließend mit Salz, Pfeffer und Bratkartoffel-Gewürz würzen.

- Kohlrabi entblättern, schälen und in ca. 1–2 cm dicke Scheiben schneiden. Die Scheiben ca. 10–15 Minuten in einem Topf mit heißem Wasser bissfest garen oder dünsten, dann abschütten.

- Jetzt die Panierstraße vorbereiten: In einem tiefen Teller Pflanzenmilch mit dem Mehl verrühren, einen zweiten Teller mit Semmelbröseln bereitstellen.

- Die Kohlrabischeiben erst kurz von allen Seiten in der Mehl-Milch-Mischung wenden, dann in den Semmelbröseln. Die Kohlrabischeiben in einer Pfanne mit Öl goldbraun braten.

- Die Kohlrabischnitzel zusammen mit den Bratkartoffeln anrichten.

Tipp ▸▸▸ Je dünner die Brägele und je länger sie bei geringer Hitze angebraten werden, desto krosser und leckerer werden sie.

FLAMMKUCHEN
Rustikale Spezialität

Ursprünglich als Testgebäck für die richtige Ofentemperatur erfunden, entflammte der herzhafte Fladen schon bald die Herzen seiner Bäcker. Originalgetreu ist er nur mit Tofuspeck und Zwiebeln.

 30 Minuten
+ 70 Minuten Ruhezeit
+ 20 Minuten Backzeit

 gelingt einfach

 Für ca. 4 Portionen

Zutaten

Für den Teig:

500 g Mehl

300 ml lauwarmes Wasser

1 Würfel frische Hefe

1 TL Salz

3 EL Olivenöl

Für den Belag:

350 g Sojajoghurt natur
(z. B. von Provamel)

3 EL gemischte Kräuter

Salz & Pfeffer

1 Zwiebel

100 g Räuchertofu

- Für den Vorteig 100 g Mehl mit 100 ml lauwarmem Wasser und der Hefe verquirlen. Anschließend 10 Minuten abgedeckt ruhen lassen.

- In einer großen Schüssel die restlichen 400 g Mehl, Salz, Olivenöl und 200 ml lauwarmes Wasser zugeben und gut verkneten. Den Teig 1 Stunde lang abgedeckt gehen lassen.

- Die Kräuter, Salz und Pfeffer zum Sojajoghurt geben und gründlich vermischen.

- Die Zwiebel abziehen und in feine Ringe schneiden. Den Räuchertofu in kleine Würfel schneiden. Den Backofen auf 200 °C (Ober-/Unterhitze) vorheizen.

- Nach der Ruhezeit den Teig ausrollen und auf ein Backblech legen, dann Sojajoghurt, Räuchertofu und Zwiebelringe gleichmäßig darauf verteilen.

- Den Flammkuchen im heißen Backofen ca. 15–20 Minuten goldbraun backen.

Tipp ▶▶▶ Den klassischen Elsässer Flammkuchen garnieren ausschließlich Schmand, Speck und Zwiebeln. Wer jedoch exotischere Gelüste hat, belegt die eigene Kreation mit Pilzen, veganem Käse, Lauch oder mit dem, was der Kühlschrank eben hergibt.

SEMMELKNÖDEL MIT PILZRAHMSOßE

Herzhafte Brotbollen mit Champignon-Charme

Aus altem Brot mach' neue Knödel: Dampfend und deftig befriedigen die selbst gemachten Semmelknödel heimatliche Kochgelüste. Champignons in Sahnesoße umrahmen das klassische Gericht aus der Nachkriegsküche, das mit einfachsten Zutaten eine Runde Sache wird.

 30 Minuten

 gelingt einfach

 Für ca. 4 Portionen

Zutaten

300 g vegane Brötchen, Brot oder Brezeln vom Vortag

250 ml Pflanzenmilch

etwas Gemüsebrühenpulver

Muskatnuss, frisch gerieben

2 EL Petersilie (frisch oder TK)

3 EL Sojamehl oder Stärke mit etwas Wasser angerührt

3 EL Semmelbrösel

1 EL Olivenöl

250 g Champignons

1 Zwiebel

100 g Räuchertofu

Rapsöl oder vegane Margarine zum Braten

250 ml Sojasahne

Salz & Pfeffer

- Altbackene Brötchen, Brot oder Brezeln grob in Würfel schneiden und in eine Schüssel geben.

- Die Pflanzenmilch etwas erwärmen, Gemüsebrühenpulver, Muskat und Petersilie dazugeben und über die Brötchen in die Schüssel geben. So lange stehen lassen, bis sie aufgeweicht sind.

- Sojamehl oder Stärke, Semmelbrösel und Olivenöl zugeben, dann kräftig durchkneten, sodass keine allzu großen Stücke mehr zu erkennen sind. 5 Minuten ziehen lassen. Reichlich Salzwasser in einem großen Topf erhitzen.

- Die Masse zu Knödeln formen, in das heiße (nicht kochende) Salzwasser geben und 15 Minuten ziehen lassen.

- Die Champignons mit einem kleinen Messer putzen und in Scheibchen schneiden. Die Zwiebel abziehen und klein schneiden. Den Räuchertofu in kleine Würfel schneiden.

- Zwiebel- und Räuchertofuwürfel in einer Pfanne in etwas Öl oder Margarine anbraten. Nach ein paar Minuten die Pilze zugeben. Wenn alles goldbraun angebraten ist, die Sojasahne hinzufügen, mit Salz und Pfeffer würzen und einköcheln lassen.

- Die Semmelknödel mit der Pilzrahmsoße anrichten.

SCHUPFNUDELN MIT SAUERKRAUT
Klassische Kartoffelnudeln von Hand gerollt

Zugegeben: Handgemachte Schupfnudeln sind eine aufwendige Angelegenheit. Produziert man sie jedoch auf Vorrat, lohnt sich die traditionelle Handarbeit. Mit Sauerkraut und Tofuspeck abgerundet, schmeckt das Gericht wie daheim.

 1 Stunde

 aufwendig, aber machbar

 Für ca. 4 Portionen
+ Schupfnudelvorrat

Zutaten

600 g mehligkochende Kartoffeln

Salz

175 g Weizenmehl

1 EL Sojamehl oder Stärke mit etwas Wasser angerührt

Muskatnuss, frisch gerieben

1 Zwiebel

250 g Räuchertofu

Öl zum Braten

500 g Sauerkraut

- Zuerst die Kartoffeln schälen, grob vierteln und in Salzwasser ca. 15–20 Minuten garen. Dann mit einer Kartoffelpresse oder mit dem Stabmixer zu Kartoffelbrei verarbeiten.

- Zwei Drittel des Mehls, die Soja-Wasser-Mischung und Muskat zugeben und zu einem Teig kneten. Anschließend so viel Mehl hinzufügen, bis der Teig nicht mehr klebt.

- In einem großen Topf Wasser zum Kochen bringen. Aus dem Teig kleine Schupfnudeln formen. Dazu kleine Stücke zwischen den Händen hin- und herrollen, bis die typische Form entsteht. Dann sofort in das kochende Wasser geben.

- Sobald die Schupfnudeln an der Oberfläche schwimmen mit einem Schaumlöffel herausfischen und in kaltem Salzwasser abschrecken.

- Die Zwiebel abziehen und fein würfeln. Den Räuchertofu in kleine Würfel schneiden und beides in einer Pfanne in heißem Öl anbraten.

- Die gewünschte Menge der Schupfnudeln dazugeben und zusammen goldbraun braten. Zum Schluss das Sauerkraut zugeben, erhitzen und alles zusammen anrichten.

Tipp ▶▶▶ Es empfiehlt sich, die Schupfnudeln auf Vorrat zu produzieren. Man kann sie einfach mit etwas Öl beträufeln, portionsweise einfrieren und nach Bedarf auftauen.

BAUERNWURST MIT BIBBELISKÄS′ UND BRÄGELE
Die traditionelle Kombination

Jeweils im Frühjahr und Herbst öffnen die Straußen- oder auch Besenwirtschaften. Saisonal servieren Winzer selbst angebaute Weine und regionale Speisen. Eins der typischen Gerichte ist die knackige Bauernwurst mit Brägele und Kräuterquark.

 1 ½ Stunden + 8 Stunden Ruhezeit

 aufwendig, aber machbar

 Für ca. 4 Portionen/7 Würste

Zutaten

Für den Bibbeliskäs':

500 g Sojajoghurt natur
(z. B. von Provamel)

½ Bund Schnittlauch

½ Bund Petersilie

Salz & Pfeffer

Für die Brägele:

1 kg Kartoffeln

1 Zwiebel

Öl zum Braten

Bratkartoffel-Gewürz

Salz & Pfeffer

Für die Bauernwurst:

200 g Räuchertofu

400 ml Wasser

50 ml Rapsöl

2 TL Majoran

½ TL Muskatnuss

½ TL Pfeffer

5 TL Salz

1 TL abgeriebene
Zitronenschale

1 TL Zwiebelgranulat

1 TL Knoblauchgranulat

1 TL Kümmel (gemahlen)

1 TL Senf

1 Msp Cayennepfeffer

1 TL Guarkernmehl

½ TL Hefeextrakt

1 TL Piment (gemahlen)

1 TL Paprika (gemahlen)

Rosmarin & Thymian

ein Hauch Kurkuma

300 g Seitanfix/Gluten

- Am Vortag für den Bibbeliskäs' (Kräuterquark) den Soja-joghurt in einem Kaffeefilter oder sauberen Küchentuch in einem Sieb über einer Schüssel abtropfen lassen, am besten über Nacht im Kühlschrank.

- Kartoffeln in einem Topf mit heißem Wasser ca. 30 Minuten kochen oder dünsten. Dann unter kaltem, fließenden Wasser abschrecken und pellen. Kartoffeln über Nacht kühl stellen.

- Für die Wurst alle Zutaten außer das Seitanfix in eine Schüssel geben und pürieren. Dann das Seitanfix dazu-geben und zu einem Teig verkneten.

- Faustgroße Stücke zu je ca. 150 g aus dem Teig lösen und auf einem Backbrett mit der Hand zu dicken Würsten rollen, in Alufolie einschlagen und die Enden wie Bonbons zudrehen.

- Die Würste in einem Topf mit kochendem Wasser und einem Siebeinsatz ca. 40 Minuten dampfgaren. Danach im Kühlschrank über Nacht durchziehen lassen.

- Am nächsten Tag für den Bibbeliskäs' den Schnittlauch und Petersilie fein hacken, den abgetropften Sojajoghurt mit den Kräutern, Salz und Pfeffer würzen.

- Die Kartoffeln auf einer Reibe in dünne Scheiben reiben. Die Zwiebel abziehen, klein schneiden und in einer großen Pfanne in etwas Öl anbraten. Nach ein paar Minuten die Kartoffelscheiben zugeben und mindestens 20 Minuten an-braten. Mit Salz, Pfeffer und Bratkartoffel-Gewürz würzen.

- Zuletzt die Würste auf beiden Seiten kurz anbraten und zusammen mit den Brägele und dem Bibbeliskäs' servieren.

KÜRBISSUPPE
Sämige Suppe für die Herbstsaison

Typisch für Hausmannskost sind saisonale Zutaten, die im heimischen Garten wachsen. So kommt auch der Kürbis von September bis Januar in die Suppe. Kürbissuppe ist mit Kokosmilch cremig gekocht ein echter Gemütlichkeits-Garant.

 30 Minuten

 gelingt einfach

 Für ca. 6 Portionen

Zutaten

1 kg Kürbis

1 Zwiebel

2 Kartoffeln

1 Bund Suppengrün

vegane Margarine
zum Braten

1 l Wasser

1 Dose Kokosmilch

Salz & Pfeffer

Muskatnuss,
frisch gerieben

100 g Kürbiskerne

• Je nach Sorte den Kürbis schälen oder waschen. Das weiche Innere und die Kerne entfernen, in grobe Würfel schneiden. Hokkaido oder Butternut kann auch mit Schale in die Suppe.

• Die Zwiebel abziehen und klein schneiden. Die Kartoffeln schälen und zerkleinern. Das Suppengrün waschen, putzen und in Würfel bzw. Ringe schneiden.

• In einem großen Topf zuerst die Zwiebelwürfel in etwas Margarine glasig dünsten. Das Suppengrün, die Kartoffeln und den Kürbis zugeben, dann mit ca. 1 l Wasser ablöschen.

• Etwa 20 Minuten köcheln lassen, anschließend mit einem Stabmixer pürieren. Kokosmilch, Salz, Pfeffer und Muskat zugeben und nochmal aufkochen lassen.

• Die Kürbiskerne ohne Fett in einer Pfanne anrösten und die Kürbissuppe damit anrichten.

Tipp ▶▶▶ Vorausschauende vegane Köche rösten ihre Kürbis- oder Sonnenblumenkerne auf Vorrat und verwahren sie für Suppen oder Salate in kleinen Dosen. Echte Gourmets beträufeln die Suppe mit Kürbiskernöl. Mehr Kürbis geht nicht.

KARTOFFELSUPPE
Der Klassiker mit Kracherle

Urgemütliche Gefühle kommen auf, wenn sich die bodenständige Knolle aus der Schale in den Topf wirft und zur cremigen Suppe wird. Zu der Kartoffelsuppe gibt's kross gebratene Kracherle, die das Brot von gestern zur Krönung der Kartoffelsuppe machen.

 30 Minuten

 gelingt einfach

 Für ca. 6 Portionen

Zutaten

1 Zwiebel

1 kg mehligkochende Kartoffeln

1 Bund Suppengrün

vegane Margarine zum Braten

500 ml Wasser

400 ml Pflanzenmilch

250 ml Sojasahne

Salz & Pfeffer

Muskatnuss, frisch gerieben

4 Scheiben Bauernbrot

• Die Zwiebel abziehen und in kleine Würfel schneiden. Die Kartoffeln schälen und grob würfeln. Das Suppengrün waschen, putzen und klein schneiden.

• In einem großen Topf zuerst die Zwiebelwürfel in etwas Margarine glasig dünsten. Dann das Suppengrün und die Kartoffeln zugeben und anschließend mit Wasser und Pflanzenmilch ablöschen.

• Die Suppe 20 Minuten köcheln lassen und dann mit dem Stabmixer pürieren. Zuletzt die Sojasahne, Salz, Pfeffer und Muskat zugeben und nochmal aufkochen lassen.

• Das Brot in kleine Würfel schneiden und in einer Pfanne in etwas Margarine anbraten. Die Kartoffelsuppe mit den krossen Kracherle anrichten.

Tipp ▶▶▶ Eine weitere klassische Zugabe zur Kartoffelsuppe sind Wiener Würstchen. Diese gibt es auch vegan in fast jedem Supermarkt zu kaufen bzw. sie sind ebenfalls einfach selbst zu machen ▶ S. 39 Bauernwurst. Einfach in Scheiben schneiden, in der Pfanne anbraten und zu den Kracherle über die Suppe streuen.

GESCHNETZELTES MIT RÖSTI
Vegane Variante mit Sojaschnetzeln

In der Heimat gilt gerne: Gute Gerichte müssen in sahnigen Saucen schwimmen. Ob gekocht oder roh: Zu Rösti verarbeitete Kartoffeln komplettieren das vegane Geschnetzelte.

 1 Stunde

 gelingt einfach

 Für ca. 6 Portionen

Zutaten

1 kg festkochende
Kartoffeln

Salz & Pfeffer

Muskatnuss,
frisch gerieben

vegane Margarine
zum Braten

1 Zwiebel

300 g Champignons

150 g grobe Sojaschnetzel

1 l Wasser

2 EL Gemüsebrühenpulver

2 Lorbeerblätter

Paprikapulver

1 EL Mehl

200 ml trockener Weißwein

250 ml Sojasahne

• Am besten schon am Vortag die Kartoffeln 20–30 Minuten kochen und anschließend noch warm pellen. Am nächsten Tag die Kartoffeln auf einer Reibe reiben und in einer Schüssel mit Salz, Pfeffer und Muskat würzen und vermischen.

• Die Kartoffelmasse mit etwas Margarine in eine Pfanne geben. Mit dem Pfannenwender zu einer festen Masse in die Pfanne drücken. Bei schwacher Hitze so lange anbraten, bis die Röstimasse unten goldbraun angebraten ist. Dann vorsichtig wenden, sodass der Röstifladen nicht zerbricht. Von der anderen Seite ebenfalls goldbraun braten.

• Die Zwiebel abziehen und klein schneiden. Champignons putzen und in Scheiben schneiden.

• Sojaschnetzel in dem Wasser mit Gemüsebrühenpulver, Salz, Pfeffer, den Lorbeerblättern und Paprikapulver ca. 15 Minuten lang kochen. Dann abgießen und gut ausdrücken. Die Schnetzel in einer Pfanne mit Margarine anbraten, dann herausnehmen und beiseitestellen.

• Die Zwiebelwürfel in etwas Margarine anbraten und die Champignons dazugeben. Das Mehl darüberstreuen, kurz anschwitzen und mit dem Weißwein ablöschen. Einköcheln lassen und die Sojasahne zugeben.

• Zum Schluss die Sojaschnetzel wieder in die Soße geben, kurz aufkochen lassen und mit krossen Rösti servieren.

Tipp ▶▶▶ Keine Kartoffeln vorgekocht? Kein Problem: Rohe Kartoffeln einfach raspeln, salzen und pfeffern und in einem sauberen Geschirrtuch auswringen, bis die Flüssigkeit austritt.

WEIHNACHTSBRATEN MIT KARTOFFELBREI UND GRÜNEN BOHNEN

Das Festtagsmenü für die ganze Familie

Es weihnachtet sehr und ein veganes Festmahl muss her: Da schieben wir doch gerne mal einen leckeren Linsenbraten in die Röhre, rühren cremiges Kartoffelpüree und servieren dazu grüne Bohnen.

 1 Stunde + 2 Stunden Einweichzeit + 30 Minuten Backzeit

⭐ aufwendig, aber machbar

✗ Für ca. 4 Portionen + Bratenvorrat

Zutaten

Für den Linsenbraten:

100 g Berglinsen

1 l Wasser

50 g Mandeln

50 g Kürbiskerne

100 g Paranüsse

100 g rote Linsen

2 Lorbeerblätter

1 Zwiebel

1 Knoblauchzehe

2 Karotten

100 g getrocknete Tomaten

Rapsöl zum Braten

3 EL Tomatenmark

3 EL Sojasoße

1 EL Olivenöl

Salz & Pfeffer

Oregano

Kreuzkümmel

1 EL Lupinenmehl

100 g Maismehl

3 EL gemahlene Leinsamen
mit 9 EL Wasser verrührt

Für den Kartoffelbrei:

1 kg mehligkochende
Kartoffeln

150 ml Sojasahne

100 g vegane Margarine

Muskatnuss,
frisch gerieben

Salz & Pfeffer

Für die Bohnen:

500 g grüne Bohnen

1 Zwiebel

100 g Räuchertofu

vegane Margarine

Bohnenkraut

Salz & Pfeffer

Für die Soße:

1 EL Tomatenmark

1 TL Stärke

200 ml Rotwein

100 ml Sojasahne

- Die Berglinsen in 700 ml kaltem Wasser rund 2 Stunden einweichen. Alle Nüsse und Kerne in einem Mixer mahlen. Die eingeweichten Berglinsen abgießen und mit den roten Linsen und den Lorbeerblättern in 400 ml Wasser aufkochen und ca. 10 Minuten garen lassen. Den Backofen auf 190 °C (Ober-/Unterhitze) vorheizen.

- Zwiebel und Knoblauch abziehen und fein würfeln. Karotten waschen und klein schneiden. Getrocknete Tomaten klein schneiden. Alles zusammen in einer Pfanne im Öl kurz andünsten.

- Das gedünstete Gemüse zusammen mit allen anderen Zutaten zu den Linsen in eine große Schüssel geben und vermengen.

- Die Masse in eine gefettete Kastenform füllen und fest andrücken. Den Linsenbraten im heißen Ofen ca. 30 Minuten backen, dann aus der Form lösen. Etwa 2 cm dicke Stücke abschneiden und servieren.

- Für den Kartoffelbrei die Kartoffeln erst schälen, dann 20–30 Minuten kochen, das Wasser abgießen und die Kartoffeln mit Sojasahne, Margarine und den Gewürzen zu einer cremigen Masse pürieren.

- Die Bohnen waschen, putzen und in einem Topf mit Siebeinsatz ca. 10 Minuten dünsten. Die Zwiebel abziehen. Zwiebel und Räuchertofu in kleine Würfel schneiden und in einer Pfanne in Margarine anbraten. Dann die Bohnen zugeben, anbraten und mit Bohnenkraut, Salz und Pfeffer würzen.

- Bohnen aus der Pfanne nehmen und beiseitestellen, einige Zwiebeln und Räuchertofu in der Pfanne lassen. Dann das Tomatenmark zugeben, kurz anbraten, mit Stärke und Rotwein ablöschen, gut verrühren und einköcheln lassen. Zum Schluss mit der Sojasahne verfeinern.

ROULADEN MIT ROTKRAUT
Der Festtagsschmaus zu Nikolaus

Diese Seitanrouladen wickeln jeden Vegan-Zweifler ein. Aufgerollt und angebraten verstecken sie winterliche Gaumenfreuden in ihrer Mitte, mit Rotkraut und Kartoffelbrei wird der typisch deutsche Festtagsschmaus aufgetischt.

 2 Stunden

 aufwendig, aber machbar

 Für ca. 4 Portionen

Zutaten

Für die Rouladen:

250 g Seitan-Basis

100 g Semmelbrösel

350 ml Wasser

3 EL Sojasauce

100 g Räuchertofu

1 Zwiebel

6 kleine Gewürzgurken

Senf

Salz & Pfeffer

Paprikapulver

Muskatnuss

20 Zahnstocher

Rapsöl zum Braten

Für das Rotkraut:

1 Rotkohl

2 Zwiebeln

2 Äpfel

vegane Margarine

150 ml Apfelsaft

2 EL Balsamico-Essig

Salz & Pfeffer

2 Nelken

1 Lorbeerblatt

Zimtpulver

etwas vegane Johannisbeer-marmelade

Für die Soße:

1 Zwiebel

Öl zum Braten

1 EL Tomatenmark

1 TL Stärke

200 ml Rotwein

100 ml Sojasahne

- Seitan-Basis und Semmelbrösel mit dem Wasser vermischen und zu einem Teig verkneten.

- Mit einem Nudelholz auf einem großen Brett 6 gleich große Stücke Seitanteig zu flachen Fladen ausrollen. Am besten gelingt das, wenn man einen Gefrierbeutel dazwischen legt. Die Fladen in einem Topf voll kochendem Wasser und der Sojasauce ca. 10 Minuten kochen.

- Den Räuchertofu in dünne Scheiben schneiden. Die Zwiebel abziehen und in Ringe schneiden. Die Gewürzgurken in Stifte schneiden.

- Die abgekochten Seitanfladen herausnehmen, abtropfen lassen, mit Senf bestreichen, mit den Gewürzen würzen und je 1 Stück Räuchertofu, 2 Zwiebelringe und 1 Stück Gewürzgurke hineinlegen. Dann den Fladen aufrollen und mit Zahnstochern fixieren. Die Rouladen in der Pfanne in etwas Öl goldbraun anbraten, danach beiseitestellen.

- Für das Rotkraut den Rotkohl in schmale Streifen hobeln. Die Zwiebeln abziehen und ebenfalls in Streifen schneiden. Die Äpfel waschen und fein raspeln.

- Die Zwiebeln in etwas Margarine in einem großen Topf anschwitzen. Dann das Rotkraut und die Äpfel dazugeben und leicht anbraten. Mit Apfelsaft und Essig ablöschen. Nelken und das Lorbeerblatt zugeben, mit Salz und Pfeffer und wenig Zimt würzen. 30 Minuten köcheln lassen. Das Rotkraut mit etwas Johannisbeermarmelade abschmecken.

- Für die Soße die Zwiebel abziehen, fein würfeln und in einer Pfanne mit Öl anbraten. Tomatenmark dazugeben und mit Stärke und Rotwein ablöschen. Gut verrühren. Zum Schluss die Rouladen wieder in die Soße setzen, einköcheln lassen und die Soße mit Sojasahne verfeinern.

Tipp ▶▶▶ Zu den Rouladen gehört klassisch der Kartoffelbrei ▶ S. 47.

KÄSSPÄTZLE
Schwäbisches Wohlfühl-Food

Der Schwabe weiß: „S isch koi richtigs Schwobemädla, des net Spätzla kocha ka". Mit dem richtigen Werkzeug und Rezept gelingen diese cremigen Kässpätzle nicht nur echten Schwaben. Klassisch wird zu Kässpätzle ein grüner oder gemischter Salat gereicht.

 1 ½ Stunden

 gelingt einfach

 Für ca. 6 Portionen

Zutaten

Für den Teig:

400 g Weizenmehl

100 g Dinkelmehl

2 TL Soja- oder Maismehl mit etwas Wasser vermischt

200 ml Hafermilch

20 g vegane Margarine

1 TL Kurkuma

2 TL Öl

2 EL Hartweizengrieß

Für das Topping:

4 Zwiebeln

vegane Margarine zum Braten

250 g geriebener veganer Käse

- Alle Zutaten für den Teig in eine Schüssel geben und zu einem zähflüssigen Teig vermischen. Anschließend 15 Minuten ruhen lassen.

- Die Zwiebeln abziehen und in Würfel schneiden. Die Zwiebeln in einer Pfanne mit Margarine ca. 20 Minuten anbraten, bis sie sehr gut angeröstet sind.

- Salzwasser in einem großen Topf zum Kochen bringen und den Spätzleteig mithilfe eines Spätzlehobels, einer Presse oder eines Siebs in das kochende Salzwasser befördern. Sobald die Spätzle an der Oberfläche schwimmen, mit einem Schaumlöffel abschöpfen und beiseitestellen.

- Die fertigen Spätzle zu den Zwiebeln in die Pfanne geben und alles zusammen anbraten. Dann den Käse hinzugeben und mitbraten, bis er Fäden zieht.

Tipp ▶▶▶ Mit dem entsprechenden Werkzeug können aus dem Teig auch Knöpfle hergestellt werden, die im Gegensatz zu den länglichen Spätzle eher knubbelig rund sind.

LINSEN MIT SPÄTZLE
Fundament der schwäbischen Küche

Seit dem Mittelalter sind Schwaben mit ihrem Spätzlebrett auf Gemälden verewigt worden. In harten Zeiten stellten sie ihre Lieblingsspeise bereits vegan her. Siehe da: Mit Dinkelmehl gelang das Nudelwerk schon damals ohne Eier.

 1 ½ Stunden

 gelingt einfach

 Für ca. 6 Portionen

Zutaten

Für die Spätzle:

400 g Weizenmehl

100 g Dinkelmehl

2 TL Maismehl mit 50 ml Mineralwasser vermischt

200 ml Hafermilch

20 g vegane Margarine

1 TL Kurkuma

2 TL Öl

2 EL Hartweizengrieß

Für die Linsen:

1 Zwiebel

1 Bund Suppengrün

100 g Räuchertofu

vegane Margarine zum Braten

3 TL Gemüsebrühenpulver

200 g Tellerlinsen

6 vegane Wiener Würstchen, z. B. ▶ S. 39 Bauernwurst oder fertig gekauft

2 EL Balsamico-Essig

Salz & Pfeffer

• Alle Zutaten für den Teig in eine Schüssel geben und zu einem zähflüssigen Teig vermischen. 15 Minuten ruhen lassen.

• Salzwasser in einem großen Topf zum Kochen bringen und den Spätzleteig mithilfe eines Spätzlehobels, einer Presse oder eines Siebs in das kochende Salzwasser befördern. Sobald die Spätzle an der Oberfläche schwimmen, mit einem Schaumlöffel abschöpfen und beiseitestellen.

• Für die Linsen die Zwiebel abziehen und fein würfeln. Das Suppengrün waschen und putzen. Suppengrün und Räuchertofu klein schneiden und in einem großen Topf in Margarine andünsten, dann 1 Liter Wasser und das Gemüsebrühenpulver zugeben, die Linsen hinzufügen und alles ca. 30 Minuten kochen.

• Die veganen Wienerle in heißem Wasser erhitzen. Die Linsen mit Balsamico-Essig, Salz und Pfeffer abschmecken und mit den Spätzle und den Wienerle anrichten.

MAULTASCHEN
Nudelpaket mit Spezialfüllung

Der Legende nach versteckten Zisterziensermönche im Kloster Maulbronn die in Nudelteig eingeschlagene Fleischbeilage in der Fastenzeit. Deshalb werden die Maultaschen im Volksmund auch „Herrgottsb'scheißerle" genannt.

 1 Stunde
+ 8 Stunden Ruhezeit

 gelingt einfach

 Für ca. 10 Maultaschen

Zutaten
Für den Teig:

200 g Hartweizengrieß   oo

120 g Weizenmehl   tur weisloen

160 ml Wasser

2 EL Olivenöl

Für die Füllung:

1 Zwiebel

1 Karotte

100 g Spinat

100 g Champignons

½ Bund Petersilie

100 g Tofu

2 Scheiben Brot

vegane Margarine
zum Braten

Salz & Pfeffer

Muskatnuss,
frisch gerieben

Gemüsebrühe

• Aus Grieß, Mehl, Wasser und Öl einen Teig kneten, diesen in Frischhaltefolie einschlagen und über Nacht im Kühlschrank ruhen lassen.

• Für die Füllung die Zwiebel abziehen und fein würfeln. Die Karotte waschen. Spinat waschen. Champignons putzen. Petersilie waschen und zupfen. Karotte, Spinat, Pilze und Petersilie sehr fein hacken. Tofu und Brotscheiben ebenfalls sehr klein schneiden. Alle Zutaten in einer Pfanne in etwas Margarine andünsten und mit den Gewürzen abschmecken.

Den Nudelteig sehr dünn ausrollen und längliche Rechtecke ausschneiden.

• Etwa 1–2 EL Gemüsefüllung in die Mitte der linken Seite setzen, den Teig an den Seiten mit Wasser anfeuchten, die rechte Seite über die linke klappen und den Rand mit einer Gabel gut andrücken.

• Die fertigen Maultaschen sofort in reichlich Gemüsebrühe ca. 10 Minuten kochen, bis sie an der Oberfläche schwimmen.

Tipp ▶▶▶
Was sich in der Gemüsefüllung verbirgt, geht ganz nach Geldbeutel und Geschmack. Auch die Zubereitung der Maultaschen ist nach Region traditionell verschieden. Manche schmelzen Zwiebeln dazu an, andere schneiden sie in Stücke und braten sie in der Pfanne an, aber am einfachsten sind die Taschen direkt als Suppeneinlage zu genießen.

ZWIEBELKUCHEN
Herzhafter Herbstkuchen

Traditionell zum Federweißen oder neuen Wein kommt der herzhafte Hefekuchen mit Zwiebelbelag auf den Tisch. Am besten schmeckt das herbstliche Gebäck frisch aus dem Ofen.

 30 Minuten
+ 70 Minuten Ruhezeit
+ 35 Minuten Backzeit

 gelingt einfach

 Für ca. 9 Portionen

Zutaten

Für den Teig:

500 g Mehl

300 ml lauwarmes Wasser

1 Würfel frische Hefe

1 TL Salz

3 EL Olivenöl

Für den Belag:

800 g Zwiebeln

200 g Räuchertofu

Rapsöl zum Braten

Salz & Pfeffer

2 EL Kümmel

1 TL Muskatnuss, frisch gerieben

400 ml Sojasahne

200 ml Wasser

2 EL Stärke

- Für den Vorteig 100 g Mehl mit 100 ml lauwarmem Wasser und dem Würfel Hefe vermengen und 10 Minuten abgedeckt ruhen lassen.

- Die restlichen 400 g Mehl, Salz, Olivenöl und 200 ml lauwarmes Wasser zugeben und gut verkneten. Dann den Teig 1 Stunde lang abgedeckt gehen lassen. Den Backofen auf 180 °C (Ober-/Unterhitze) vorheizen.

- Den Teig auf einem mit Backpapier ausgelegten Backblech ausrollen und den Rand mit den Händen nach oben formen. Im heißen Backofen ca. 15 Minuten vorbacken und anschließend herausnehmen.

- Für den Belag die Zwiebeln abziehen und in feine Ringe schneiden oder hobeln. Tofu in kleine Würfel schneiden.

- Tofu kurz in einer Pfanne anbraten, dann beiseitestellen. Zwiebeln in der Pfanne in etwas Öl glasig dünsten und mit Salz, Pfeffer, Kümmel und Muskat würzen. Zum Schluss den angebratenen Tofu zugeben.

- In einem großen Topf die Sojasahne mit Wasser und Stärke unter ständigem Rühren aufkochen lassen, bis die Masse etwas eingedickt ist. Dann die Zwiebel-Tofu-Mischung zugeben und 10 Minuten köcheln lassen.

- Die Masse auf den Teig geben und den Zwiebelkuchen ca. 20 Minuten weiterbacken.

ZUM VESPERN

Kehrt der Schwarzwaldwanderer nachmittags in einer Bauernwirtschaft
ein, erwartet ihn meist ein einfaches Vesper auf einer Holzplatte.
Alles, was das Tier hergibt, landet auf dem begleitenden rustikalen Brot.
Der skeptische Schwabe glaubt es kaum: Lebensfrohe Hangkühe genießen
weiter das Bergpanorama, denn Fleischküchle, Wurstsalat und Leber-
käse gelingen genauso gut ohne tierisches Zutun und trotzdem fällt der
vesperwillige Wanderer dabei nicht vom Fleisch.

MAULTASCHENSALAT
Gefüllte Nudeln im Salatbett

Neben dem deftigen Nationalgericht Baden-Württembergs verstecken sich in dieser Variante unverhoffte Vitamine für schlemmende Schwaben. Selbst gemachte Maultaschen zieren ein Bett aus frischen Kräutern und Salat ganz nach Gusto.

 60 Minuten
+ Ruhezeit über Nacht

 gelingt einfach

 Ergibt ca. 10 Maultaschen

Zutaten

Für den Teig:

200 g Hartweizengrieß

120 g Weizenmehl

160 ml Wasser

2 EL Olivenöl

Für die Füllung:

200 g mehligkochende Kartoffeln

300 g frischer Spinat

3 EL Semmelbrösel

1 Zwiebel

Salz, Pfeffer, Muskat

vegane Margarine

Für den Salat:

500 g grüner Salat

100 g Kirschtomaten

Wildkräuter, Kresse, Schnittlauch

3 EL Olivenöl

2 EL Weißweinessig

- Aus Grieß, Mehl, Wasser und Öl einen Teig kneten, diesen über Nacht im Kühlschrank ruhen lassen.

- Kartoffeln abkochen, Spinat kurz andünsten, dann mit Semmelbröseln und einer klein gehackten Zwiebel vermengen und mit Salz, Pfeffer und Muskat würzen.

- Den Nudelteig sehr dünn ausrollen und längliche Rechtecke ausschneiden.

- Ca. 1–2 EL der Füllung in die Mitte der linken Seite setzen, den Teig an den Seiten mit Wasser anfeuchten, die rechte Seite über die linke klappen und den Rand mit einer Gabel gut andrücken.

- Die fertigen Maultaschen sofort in reichlich Salzwasser ca. 10 Minuten kochen, bis sie an der Oberfläche schwimmen.

- Die Maultaschen jetzt noch kurz mit etwas Margarine in einer Pfanne anbraten.

- Den Salat waschen, Kirschtomaten in zwei Hälften schneiden, mit Kräutern, Kresse und Schnittlauch garnieren und das Dressing aus Öl und Essig anrühren.

- Noch warme Maultaschen in Streifen schneiden und auf den Salat geben.

SCHWÄBISCHER WURSTSALAT
Wenn Wurst und Käse Liebe machen

Zugegeben, als veganes Gericht scheint nichts unpassender als die Mischung aus Wurst- und Käsestreifen zu einem deftigen Salat. Doch Spätveganer und Flexitarier erinnern sich an die beliebte Beilage zu Brägele und Bibeliskäs' und freuen sich über die vegane Variante.

 15 Minuten

 gelingt einfach

 Für ca. 2 Portionen

Zutaten

200 g vegane Lyoner, am besten Hobelz veganer Aufschnitt Pfeffer, alternativ selber machen
▶ S. 73 Fleischkäse

150 g veganer Käse, am besten Simply V, vegane Genießerscheiben natur

2 EL Weißweinessig

2 EL Wasser

3 EL Rapsöl

Salz & Pfeffer

1 Handvoll Cornichons

• Wurst und Käse in dünne Scheiben schneiden.

• Ein Salatdressing aus Essig, Wasser, Öl, Salz und Pfeffer anrühren.

• Cornichons in Stifte schneiden. Alles zusammen in eine Schüssel geben und vermischen.

• Dazu Brägele oder Bauernbrot servieren und mit etwas Schnittlauch und Petersilie anrichten.

Tipp ▶▶▶ Zwiebelringe zaubern zusätzliche Würze in den Salat, eine gute Ergänzung ergeben außerdem frische Radieschenscheiben und Tomaten.

KARTOFFELSALAT
Der Klassiker nach süddeutscher Salat-Tradition

Ob ein Mitesser aus Süd- oder Norddeutschland kommt, erkennt der findige Feinschmecker an der jeweiligen Vorliebe für Kartoffelsalat. Mayonnaise kommt den schwäbischen Kartoffelkennern nicht in die Schüssel, aus der sie ihren Salat am liebsten lauwarm löffeln.

 40 Minuten

 gelingt einfach

 Für ca. 6 Portionen

Zutaten

1 kg festkochende Kartoffeln

1 Zwiebel

100 g Cornichons oder Gewürzgurken

3 EL Weißweinessig

3 EL Sonnenblumenöl

Salz & Pfeffer

etwas Schnittlauch oder Petersilie

Muskatnuss, frisch gerieben

100 ml Gemüsebrühe

- Kartoffeln ca. 20 Minuten kochen oder dünsten und dann noch warm pellen.

- Die Zwiebel abziehen und klein schneiden. Die Cornichons in Streifen schneiden.

- Essig, Öl, Salz, Pfeffer, Zwiebel, Cornichons, etwas Muskat, Petersilie und heiße Gemüsebrühe in eine Schüssel geben und verrühren.

- Die noch warmen Kartoffeln in dünne Scheiben schneiden und zum Sud in die Schüssel geben, alles gut vermengen.

- Vor dem Verzehr sollte der Kartoffelsalat kurz durchziehen, dann wird er noch lauwarm angerichtet.

Tipp ▶▶▶ Wer den dezenten Hauch von Speck im Kartoffelsalat vermisst, würfelt Räuchertofu und brät ihn kurz in einer Pfanne an, bevor er ihn zum Salat gibt. Die rauchzarte Note verleiht dem Salat einen fleischigen Beigeschmack.

FELDSALAT MIT TOFUSPECK UND KRACHERLE

Wackrer Ackersalat, der jedem Frost trotzt

Der klassische Wintersalat heißt auch Sonnewirbele, Ackersalat, Vogerlsalat oder Rapunzel. Quer durch alle deutschsprachigen Anbaugebiete wechselt die Pflanze ihr Pseudonym, nicht aber den nussig-knackigen Geschmack.

 20 Minuten

 gelingt einfach

 Für ca. 4 Portionen

Zutaten

200 g Feldsalat

100 g Räuchertofu

3 Scheiben Brot

vegane Margarine zum Braten

1 EL Balsamico-Essig

2 EL Walnussöl

Salz & Pfeffer

- Den Feldsalat putzen: Mit einem kleinen Messer die Wurzeln abschneiden, dann den Salat in kaltem Wasser waschen und in einer Salatschleuder trocknen.

- Räuchertofu und Brotscheiben in möglichst kleine Würfel schneiden und beides in einer Pfanne mit Margarine goldbraun anbraten.

- Ein einfaches Salat-Dressing aus Essig, Öl, Salz und Pfeffer herstellen und den Salat damit anmachen. Beim Anrichten die Tofu- und Brotwürfel darüberstreuen.

Tipp ▶▶▶ Feldsalat ist besonders für Vegetarier eine nährstoffreiche Mahlzeit und ein fleißiger Eisenlieferant. Je frischer der Salat, desto gesünder das Grün.

LINSENKÜCHLE
Das bessere Fleischpflanzerl

Ob Fleischküchle oder Fleischpflanzerl: Hackfleisch in Bällchenform rundet den Kartoffel-salat ab und stärkt als Vesper den fleischfreudigen Picknicker. Genauso vielseitig lugen die Linsenküchle zwischen Brötchenhälften hervor und bereichern jede Brotzeit.

 45 Minuten

 gelingt einfach

 Für ca. 15 Küchle

Zutaten

125 g rote Linsen

250 ml Wasser

2 TL Gemüsebrühenpulver

3 Frühlingszwiebeln

2 Karotten

2 Kartoffeln

1 Knoblauchzehe

3 EL Maismehl

2 EL Semmelbrösel

2 EL Tomatenmark

Salz & Pfeffer

Paprikapulver

Kreuzkümmel

etwas Petersilie

Rapsöl zum Braten

• Linsen mit Wasser und Gemüsebrühenpulver in einen kleinen Topf geben, zum Kochen bringen und auf kleiner Flamme einköcheln lassen, bis das Wasser komplett von den Linsen aufgesaugt wurde.

• Frühlingszwiebeln putzen und in feine Ringe schneiden. Karotten und Kartoffeln putzen bzw. schälen und auf einer Reibe reiben. Knoblauch abziehen und pressen.

• Alles zusammen mit den Linsen und den restlichen Zutaten in einer Schüssel vermischen. Mit der Hand die Masse zu kleinen Küchle formen: Erst zu Kugeln rollen und dann etwas platt drücken.

• In einer großen Pfanne in Rapsöl die Linsenküchle von beiden Seiten goldbraun anbraten.

Tipp ▶▶▶

Die Küchle schmecken warm und kalt zu verschiedensten Vespervarianten und runden allerlei Salate ab. Portioniert lassen sie sich problemlos einfrieren und ergeben so eine ideale Eiweißreserve für praktisch veranlagte Veganer und Vegetarier.

RETTICH
Radikale Rübe im Ziehharmonika-Schnitt

Vom Bierzelt nach Hause: Weißer Bier-Rettich, gut gesalzen und zur Ziehharmonika gezwirbelt. Schon von Natur aus wächst die Rübe vegan in die Welt, jedoch wird sie landläufig unterschätzt, wenn es um leckere Lebensmittel für Veganer und Vegetarier geht.

 15 Minuten
+ 15 Minuten Ziehzeit

 gelingt einfach

 Für ca. 2 Portionen

Zutaten

2 weiße Bier-Rettiche

Salz

veganes Bauernbrot
 ▶ S. 19

- Den Rettich schälen und unter fließendem Wasser gründlich abwaschen.

- Zuerst auf der einen Seite des Rettichs mit einem scharfen Messer gerade bis kurz vor die Mitte einschneiden, die ganze Seite so in möglichst schmale Scheibchen schneiden, jedoch nicht ganz durchschneiden!

- Auf der anderen Seite das Messer jetzt schräg ansetzen und ebenfalls dünne Scheibchen bis zur Mitte hineinschneiden.

- Jetzt kann der Rettich aufgezogen werden und sollte wie eine Ziehharmonika aussehen.

- Nun den Rettich gut salzen und mindestens 15 Minuten, besser ein paar Stunden, ziehen lassen. Dazu eine frische Scheibe Bauernbrot ▶ S. 19 servieren.

Tipp ▶▶▶ Der Rettich in der Not bewahrt Veganer und Vegetarier vor Mangelernährung. Zahlreiche Nähr- und Mineralstoffe stecken in dieser Rübe, sie decken den Tagesbedarf an Vitamin C und wirken antibiotisch sowie schleimlösend. Rettich sich, wer kann!

ZWIEBEL-FLEISCHKÄS'
Heiße Scheiben zum Auflegen

Zwischen zwei Brötchenhälften schlummert das fleischgewordene Vesperglück:
Auch bekannt als Leberkäse-Weckle oder Fleischkäs'-Semmel. Der Fleischlaib lässt
sich überraschend einfach durch ein gut gewürztes Tofu-Seitan-Gemisch ersetzen.
Schmeckt warm und kalt.

 1 ½ Stunden

 aufwendig, aber machbar

 Für ca. 15 Portionen

Zutaten

1 Zwiebel

250 g Räuchertofu

200 ml Mandelmilch

50 ml Olivenöl

1 EL Hefeflocken

1 TL Majoran

½ TL Muskatnuss,
frisch gerieben

1 TL Salz

1 TL Fleisch-Gewürz-
mischung

½ TL Guarkernmehl

Paprikapulver

300 g Gluten/Seitanfix

- Die Zwiebel abziehen und in kleine Würfel schneiden.

- Alle Zutaten bis auf das Seitan und die Zwiebeln mit einem
  Mixer zerkleinern, dann Zwiebelstücke und Seitanpulver
  untermischen und zu einem festen Teig verkneten.

- Die Masse zu 1 oder 2 dicken Rollen formen und fest in
  Alufolie einwickeln. Bei geringer Hitze ca. 1 Stunde in
  einem Topf in wenig Wasser dünsten.

- Den Fake-Fleischkäse anschließend abkühlen lassen und
  im Kühlschrank aufbewahren. Für jedes Vesperbrötchen
  einfach dicke Scheiben abschneiden und vor dem Verzehr
  kurz in der Pfanne anbraten. Dazu schmeckt süßer Senf
  oder Ketchup.

Tipp ▶▶▶
Diese vegane Wurstmasse funktioniert als Grundrezept für
viele Wurstvarianten, die wunderbar auf Vorrat produziert
werden können. Noch warm, gut durchgekühlt oder in der
Pfanne angebraten überzeugt das Fake-Fleisch auch als
Aufschnitt, beispielsweise für den Wurstsalat ▶ S. 63.

METTIGEL
Möchtegern-Mett zum Kugeln

Perfektes Party-Mitbringsel oder Mettwochs-Snack zum Einigeln: Der vegane Mettigel bringt Schnitzelfans zum Staunen. Gewürze und Zwiebeln verleihen der kleinen Hackfresse nicht nur ihr authentisches Aussehen, sondern auch den glaubhaften Geschmack.

 15 Minuten
+ 8 Stunden Ziehzeit

 gelingt einfach

 Für 1 Mettigel

Zutaten

100 g Reiswaffeln natur

300 ml warme Gemüsebrühe

2 Zwiebeln

2 EL Öl

1 EL Tomatenmark

1 TL Paprikapulver edelsüß

Muskatnuss, frisch gerieben

etwas Gurkenwasser

Salz & Pfeffer

3 schwarze Oliven für Augen und Nase

- Reiswaffeln zerbröseln, in eine Schüssel füllen und mit warmer Gemüsebrühe übergießen.

- Die Zwiebeln abziehen und 1½ Zwiebeln in kleine Würfel hacken.

- Alle Zutaten außer die restliche Zwiebel und die Oliven in eine Schüssel geben und durchmischen.

- Über Nacht im Kühlschrank abgedeckt durchziehen lassen und am nächsten Tag nochmal durchrühren.

- Die Masse mit den Händen zu einem Igelkörper formen. Die restliche halbe Zwiebel in Stifte schneiden. Zwiebel als Stacheln in den Körper stecken und mit den Oliven die Augen und Nase dekorieren. Dazu schmeckt frisches Bauernbrot.

Tipp ▶▶▶ Gekühlt ist dieser Mettigel sogar noch tagelang verzehrbereit. Echtes Hack kann da einfach nicht metthalten.

IM BACKSTÜBLE

Zu meiner Kindheit gehören Naschen beim Plätzchenbacken, vom Kirschbaum fallen und Kuchen essen an einem Wagenradtisch im Garten. Dabei spielt Hefeteig eine tragende Rolle: In der kunstvollen Form eines Gugelhupfs, als gekonnt gezwirbelter Zopf oder mit frischem Obst belegt. Sommers wie winters laufen Backöfen heiß, denn eigentlich gibt es immer einen guten Grund zu backen.

SCHWARZWÄLDER KIRSCHTORTE
Sahnetorte in traditioneller Tracht

Mit allen Kirschwässerchen gewaschen, setzt diese Torte jedem Kuchenbüfett das Sahnehäubchen auf.

⏱ 1 Stunde + ca. 45 Minuten Backzeit + 1–2 Stunden Kühlzeit

⭐ aufwendig, aber machbar

🍴 Ergibt ca. 10 Portionen

Zutaten

Für den Teig:

500 g Mehl

180 g Zucker

1 Päckchen Vanillezucker

75 g Kakaopulver

2 Packungen Backpulver

100 ml Sonnenblumenöl

400 ml Mandelmilch

40 ml Agavendicksaft

3 EL Zitronensaft

1 Prise Salz

1 Schuss Kirschwasser

70 g vegane Margarine

Für die Kirschfüllung:

1 großes Glas Sauerkirschen

2 EL Stärke

2 EL Zucker

2 EL Kirschwasser

vegane Kirschmarmelade

Für die Sahnefüllung:

2 Packungen gesüßte vegane Schlagcreme

2 Packungen Sahnesteif

1 Päckchen Vanillezucker

Für die Verzierung:

etwas Schlagfix Sprühsahne

vegane Schokoraspeln

- Den Backofen auf 180 °C (Ober-/Unterhitze) vorheizen. Alle Zutaten für den Teig in eine Schüssel geben, vermischen und in eine gefettete Springform füllen.

- Den Kuchen im heißen Backofen ca. 45 Minuten backen. Dann gut abkühlen lassen, aus der Springform lösen und den Boden in 2 Scheiben schneiden (mit einem Bindfaden oder sehr langem Messer). Die runde Kuppel des Oberteils anschließend sauber abschneiden.

- Für die Kirschfüllung die Sauerkirschen abtropfen lassen, den Saft dabei auffangen. 10 schöne Kirschen heraussuchen und beiseitestellen. Die Stärke mit 2–3 EL Kirschsaft verrühren.

- Den restlichen Kirschsaft mit dem Zucker in einem kleinen Topf aufkochen, vom Herd nehmen und die Stärkemischung einrühren. Mit einem Schneebesen gut verrühren, bis die Kirschfüllung angedickt ist. Dann die abgetropften Sauerkirschen und das Kirschwasser hineingeben und vermischen. Die Füllung beiseitestellen und abkühlen lassen.

- Auf den ersten Boden eine dünne Schicht Kirschmarmelade streichen, dann die Kirschfüllung darauf verteilen.

- Für die Sahnefüllung Schlagcreme, Sahnesteif und Vanillezucker aufschlagen. Die Hälfte davon auf die Kirschschicht streichen.

- Den oberen Boden draufsetzen und die gesamte Torte von außen mit Sahne bestreichen und mit Schokosplittern bestreuen. Dann mit Sprühsahne verzieren: 10 Kleckse am äußeren Rand im gleichmäßigen Abstand verteilen und jeweils eine Kirsche draufsetzen.

- Vor dem Anrichten gut im Kühlschrank durchkühlen lassen.

LINZERTORTE
Die einfachste Torte, die keine ist

Linzt man zur Vorweihnachtszeit in schwäbische Küchen, backen nicht nur Brödle, sondern auch Linzertorten ihrem Einsatz als Weihnachtsgeschenk entgegen. Ein kunstvoller Kuchen, der gut durchgezogen am nächsten oder übernächsten Tag noch besser schmeckt.

 20 Minuten
+ ca. 30 Minuten Backzeit

 gelingt einfach

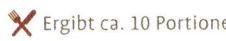 Ergibt ca. 10 Portionen

Zutaten

220 g Mehl

125 g Zucker

150 g gemahlene Haselnüsse

100 g gehackte Haselnüsse

1 TL Kakaopulver

1 TL Zimt

1 Päckchen Vanillezucker

1 Schuss Kirschwasser

200 g vegane Margarine

2 EL Wasser

150 g vegane Johannisbeer-marmelade

• Den Backofen auf 180 °C (Ober-/Unterhitze) vorheizen. Alle Zutaten außer die Marmelade in eine Schüssel geben und zu einem Teig verkneten.

• Etwa ¾ des Teiges rund ausrollen und in eine gefettete Form legen. Dann die Marmelade darauf verteilen.

• Den restlichen Teig flach ausrollen und mit einem Teigrädle in 1–2 cm dicke Streifen schneiden. Die Streifen in 1–2 cm Abstand auf die Torte legen, sodass ein Gitter entsteht.

• Die Torte im heißen Ofen etwa 30 Minuten backen.

Tipp ▶▶▶ Teigreste ausrollen und mit einer kleinen Herz- oder Stern-form ausstechen. Als Verzierung auf das Gitternetz legen. Die simple Torte schmeckt am besten, wenn sie mindestens 1 Tag lang an einem kühlen Ort richtig durchziehen konnte.

GEFÜLLTER NUSS–HEFEZOPF
Heimat verflochten im Hefeteig

Kunstvoll geflochten thront der Hefezopf als kulinarischer Höhepunkt, aber auch als Augenschmaus auf dem Festtagsbüfett.

 1 Stunde 15 Minuten
+ 8 Stunden Ruhezeit
+ 30 Minuten Backzeit

 aufwendig, aber machbar

 Für ca. 15 Portionen

Zutaten

Für den Teig:

1 Würfel frische Hefe

250 ml Mandelmilch

500 g Weizenmehl

2 TL Salz

80 g vegane Margarine

1 TL abgeriebene Zitronenschale

gemahlene Vanille

100 g Zucker

50 g Rosinen

Für Füllung und Glasur:

100 g gemahlene Nüsse

80 g Zucker

1 Päckchen Vanillezucker

etwas abgeriebene Zitronenschale

80 ml Mandelmilch

Zimt

250 g Puderzucker

- Die Hefe mit einem Schneebesen in 100 ml lauwarme Mandelmilch einrühren.

- Mehl, Salz, zimmerwarme Margarine, Zitronenabrieb, Vanille, Zucker, Rosinen, die restlichen 150 ml Mandelmilch und das Milch-Hefe-Gemisch in einer Schüssel zu einem Teig verkneten. So lange kneten, bis der Teig nicht mehr klebt.

- Den Teig bei Zimmertemperatur mindestens 3 Stunden oder über Nacht im Kühlschrank abgedeckt ruhen lassen.

- Für die Füllung alle Zutaten außer den Puderzucker in einem Topf vermischen und kurz aufkochen.

- Den Teig nach der Gehzeit kräftig durchkneten und mit einem Nudelholz flach ausrollen. Mit der Nussfüllung bestreichen und zu einer großen Rolle aufrollen. Dann die Rolle mit einem scharfen Messer der Länge nach durchschneiden und die beiden so entstandenen Teigstränge miteinander verzwirbeln.

- Den Zopf auf Backpapier setzen und 30 Minuten ruhen lassen. Den Backofen auf 180 °C (Ober-/Unterhitze) vorheizen.

- Den Nuss-Hefezopf mit lauwarmer Mandelmilch bestreichen und im heißen Ofen ca. 30 Minuten backen. Danach auskühlen lassen. Aus Puderzucker und 3–4 EL Wasser einen Zuckerguss rühren und den abgekühlten Zopf damit glasieren.

RHABARBERKUCHEN
Sommerlich-süßes Gemüsegebäck

Als pflegeleichtes Gemüse begrünt er den Garten, als gezuckertes Obst versüßt er den Kuchen: Von Mai bis Ende Juni freuen sich Gärtner wie Bäcker gleichermaßen über reifen Rhabarber. Die süßen Streusel harmonieren wunderbar zum rezenten Rhabarber.

🕐 40 Minuten
+ 75 Minuten Backzeit

⭐ gelingt einfach

🍴 Für ca. 10 Portionen

Zutaten

Für den Teig:

200 g Weizenmehl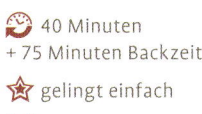

30 g Kokosöl

2 EL Wasser

400 g Kokosmilch
aus der Dose

100 g Maismehl

100 g Maisstärke *Maizena*

1 Päckchen Vanillezucker

1 Päckchen Backpulver

100 g Zucker

Für die Füllung:

400 g Rhabarber

50 g Zucker

Für die Streusel:

150 g Mehl

100 g vegane Margarine

100 g Zucker

1 Päckchen Vanillezucker

etwas Zimt

• Den Backofen auf 180 °C (Ober-/Unterhitze) vorheizen. Alle Zutaten für den Teig in eine Schüssel geben und zu einem Teig verkneten.

• Eine Springform mit Margarine einfetten. Den Teig ausrollen, hineingeben, mit einer Gabel einstechen und den Rand mit der Hand gleichmäßig formen. Den Boden bei 180 °C etwa 15 Minuten vorbacken.

• Rhabarberstangen putzen: Zuerst die Enden abschneiden und von oben nach unten mit einem kleinen Messer die Haut abziehen. Dann die Stiele klein schneiden. Mit dem Zucker bestreuen und 15 Minuten durchziehen lassen.

• Jetzt kann der Rhabarber auf den vorgebackenen Boden gefüllt werden.

• Mehl, Margarine, Zucker, Vanillezucker und Zimt in eine Schüssel füllen und mit den Händen zu Streuseln zerreiben. Die Streusel über die Rhabarberfüllung streuen.

• Den Kuchen im heißen Ofen ca. 1 Stunde backen.

Tipp ▶▶▶
Statt Rhabarber füllen auch Äpfel und anderes Obst der Saison den knusprigen Kuchenboden.

WEIHNACHTSBRÖDLE
Dreierlei aus der Weihnachtsbäckerei

Butterplätzchen sind die wahrscheinlich simpelste Backware seit dem Beginn der Teig-verarbeitung. Vanillekipferl versüßen die Adventszeit mit ihren nussigen Rundungen und Hildabrödle stechen andere Plätzchen einfach aus.

 Je 20 Minuten + 8 Stunden Kühlzeit + 10 Minuten Backzeit

 gelingt einfach

 Für je 1 große Keksdose

BUTTERBRÖDLE

Zutaten
Für den Teig:

300 g Mehl

200 g vegane Margarine

100 g Zucker

1 Päckchen Vanillezucker

1 Prise Salz

Für die Glasur:

250 g Puderzucker

3–4 EL Wasser

Zuckerstreusel
zum Verzieren

• Mehl, Margarine, Zucker, Vanillezucker und Salz in eine Schüssel geben und mit den Händen verkneten. Den Teig in Frischhaltefolie wickeln und über Nacht oder mindestens 1 Stunde in den Kühlschrank legen.

• Den Backofen auf 180 °C (Ober-/Unterhitze) vorheizen. Mit einem Nudelholz den Teig auf einem großen Backbrett ausrollen und mit weihnachtlichen Formen die Plätzchen ausstechen, vorsichtig aus den Ausstechformen lösen und auf Backpapier setzen. Wichtig ist, dass alle Plätzchen die gleiche Dicke haben.

• Die Butterbrödle im heißen Backofen ca. 10 Minuten backen.

• Für die Glasur Puderzucker und Wasser verrühren. Die Plätzchen abkühlen lassen, dann mit einem Backpinsel den Zuckerguss darauf verteilen, bunte Streusel darauf streuen und komplett auskühlen lassen.

VANILLEKIPFERL

Zutaten

250 g Mehl

70 g Zucker

100 g gemahlene Mandeln

210 g vegane Margarine

1 Prise Salz

2 EL Zitronensaft

3 Päckchen Vanillezucker
zum Bestreuen

100 g Puderzucker
zum Bestreuen

- Mehl, Zucker, Mandeln, Margarine, Salz und Zitronensaft in eine Schüssel geben und mit der Hand zu einem Teig verkneten.

- Den Teig in Frischhaltefolie einwickeln und über Nacht oder mindestens 1 Stunde in den Kühlschrank stellen.

- Den Backofen auf 180 °C (Ober-/Unterhitze) vorheizen. Aus dem Teig kleine Kugeln herauslösen und diese zwischen den Händen zu spitz zulaufenden Kipferl formen. Halbmondförmig auf Backpapier setzen.

- Die Vanillekipferl im heißen Backofen ca. 10 Minuten backen. Vanillezucker und Puderzucker vermischen. Wenn die Kipferl etwas abgekühlt sind, vorsichtig darin wenden.

HILDABRÖDLE

Zutaten

Für den Teig:

4 EL Soja- oder Maismehl

4 EL Sonnenblumenöl

etwas Wasser

250 g vegane Margarine

200 g Puderzucker

500 g Mehl

½ Päckchen Backpulver

½ Päckchen Vanillezucker

vegane Marmelade

Für die Glasur:

250 g Puderzucker

3–4 EL Wasser

- Aus Soja- oder Maismehl, Sonnenblumenöl und etwas Wasser einen Ei-Ersatz anrühren. Aus den restlichen Zutaten einen Teig kneten, dann den Ei-Ersatz hinzugeben und untermischen. Den Teig in Frischhaltefolie einwickeln und über Nacht im Kühlschrank ruhen lassen.

- Den Backofen auf 180 °C (Ober-/Unterhitze) vorheizen. Den Teig ausrollen und mit einer runden Ausstechform Kreise ausstechen. Bei der Hälfte der so entstandenen Plätzchen mit einer kleineren runden Ausstechform die Mitte ausstechen. Die Hildabrödle mit Abstand auf Backpapier setzen. Die Plätzchen im heißen Backofen ca. 10 Minuten backen, anschließend abkühlen lassen.

- Die Plätzchen ohne Loch mit Marmelade bestreichen und die Plätzchen mit Loch daraufsetzen. Aus Puderzucker und Wasser einen Guss anrühren. Die Plätzchen mit Zuckerguss bestreichen und aushärten lassen.

WECKMÄNNER
Fluffiger Hefeteigmann mit Rosinen auf den Augen

Traditionell zu Nikolaus erwecken Bäcker den Mann im Hefeteig. Unter verdeckter Identität treibt er sich auch als Stutenkerl, Klausenmann oder Krampus in anderen Ländern herum und beweist, dass auch Männer in ihrem tiefsten Inneren ganz fluffig sein können.

 75 Minuten
+ 8 Stunden Ruhezeit
+ 15 Minuten Backzeit

 gelingt einfach

 Für ca. 8 Weckmänner

Zutaten

1 Würfel Hefe

350 ml Mandelmilch

100 g Zucker

780 g Weizenmehl

1 ½ TL Salz

100 g Sonnenblumenöl

3–4 EL Apfelmus

8 Tonpfeifen

1 Handvoll Rosinen
als Augen

• Die Hefe in 100 ml lauwarmer Mandelmilch und 50 g Zucker mit einem Schneebesen verrühren.

• Dann das Mehl, Salz, Sonnenblumenöl, Apfelmus, die restlichen 50 g Zucker und 250 ml Mandelmilch in eine Schüssel geben und zu einem Teig kneten. Langsam das Hefegemisch hinzufügen, ausgiebig durchkneten (von Hand oder mit einer Küchenmaschine) und über Nacht im Kühlschrank abgedeckt ruhen lassen.

• Den Teig etwa 1 cm dick ausrollen, mit einem Weckmann-Ausstecher die Form herauslösen und auf Backpapier legen. Weitere 30 Minuten ruhen lassen. Den Backofen auf 180 °C (Ober-/Unterhitze) vorheizen.

• Die Weckmänner mit Tonpfeife und Rosinen als Augen verzieren und im heißen Backofen ca. 15 Minuten lang goldbraun backen.

Tipp ▸▸▸ Wer nicht gerade den schwarzen Gürtel in kunstvollem Lebensmittelschnitzen besitzt, sollte sich eine Ausstechform für den Weckmann zulegen, die oft auch inklusive Tonpfeife zu erwerben ist.

GUGELHUPF
Kulturgut in Kuchenform

Mittelalterliche Kapuzen (sogenannte Gugel) sollen Vorbild für die typische Gugelhupfform sein, mindestens seitdem wurde Teig in die typische Form gebracht. Eine andere Legende besagt, die Heiligen Drei Könige persönlich hätten den „Kouglof" ins Elsass gebracht.

 45 Minuten
+ 3 ½ Stunden Ruhezeit
+ 1 Stunde Backzeit

 aufwendig, aber machbar

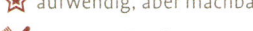 Für ca. 15 Portionen

Zutaten

100 g Rosinen

2 cl Kirschwasser

1 Würfel Hefe

250 ml Mandelmilch

500 g Mehl

150 g Zucker

250 g weiche vegane Margarine

1 Päckchen Vanillezucker

etwas abgeriebene Zitronenschale

1 Prise Salz

etwas Puderzucker zum Bestäuben

• Die Rosinen in Kirschwasser einlegen. Alle kühlen Zutaten vorab aus dem Kühlschrank nehmen und Zimmertemperatur annehmen lassen.

• Für den Vorteig die Hefe mit 100 ml lauwarmer Mandelmilch, 2 EL Mehl und 50 g Zucker mit einem Schneebesen verrühren, bis keine Klümpchen mehr übrig sind und mit einem Tuch abgedeckt ca. 20 Minuten lang gehen lassen.

• In einer Schüssel das restliche Mehl, die warme Margarine, den Vanillezucker, die restlichen 100 g Zucker und 150 ml warme Mandelmilch, Zitronenabrieb und Salz verrühren.

• Zum Schluss die Hefemischung hinzufügen und mit einer Küchenmaschine gut verkneten. Dann auch die eingelegten Rosinen zugeben und einarbeiten. Anschließend den Teig mit einem Tuch abgedeckt ca. 1 ½ Stunden gehen lassen.

• Eine Gugelhupfform mit Margarine einfetten und etwas Mehl in der Form verteilen. Den Teig einfüllen und weitere 1 ½ Stunden gehen lassen. Den Backofen auf 180 °C (Ober-/Unterhitze) vorheizen. Den Gugelhupf im heißen Ofen ca. 1 Stunde backen. Nach 40 Minuten den Backofen auf 150 °C herunterschalten.

• Den Kuchen stürzen und ausgekühlt mit etwas Puderzucker bestäuben.

ZWETSCHGENKUCHEN
Heilig's Blechle: Süß–sommerlicher Obstkuchen

Auf dem Backblech serviert, ist der Zwetschgenkuchen mit Hefeteigboden ein Klassiker der spätsommerlichen Kuchensaison. Von Juli bis Oktober fällt die Pflaumen-Unterart vom Baum und landet über Umwege auf dem Dessertteller.

 30 Minuten
+ 1 ½ Stunden Ruhezeit
+ 35 Minuten Backzeit

 gelingt einfach

 Für ca. 12 Portionen

Zutaten

Für den Teig:

250 ml Mandelmilch

½ Würfel Hefe

500 g Mehl

8 EL Rapsöl

80 g Zucker

1 TL Zimt

1 Prise Salz

Für den Belag:

1 kg Zwetschgen

Zucker zum Bestreuen

150 g Mehl

100 g vegane Margarine

100 g Zucker

1 Päckchen Vanillezucker

etwas Zimt

- 100 ml Milch lauwarm erhitzen, Hefe zugeben und darin auflösen. Mit einem Tuch abgedeckt 10 Minuten stehen lassen.

- Aus den restlichen Zutaten einen Teig zusammenkneten, dann die Hefe-Milch-Mischung zugeben und 1 Stunde mit einem Küchentuch abgedeckt ruhen lassen.

- In der Zwischenzeit die Zwetschgen halbieren, entsteinen und mit etwas Zucker bestreuen.

- Für die Streusel Mehl, Margarine, Zucker, Vanillezucker und Zimt in einer Schüssel vermischen und mit der Hand zu Streuseln zerreiben.

- Nach der Gehzeit den Teig ausrollen und auf ein Backblech mit Backpapier legen. Mit den Händen den Rand etwas nach oben formen.

- Die Zwetschgen dachziegelartig drauflegen, die Streusel darüber verteilen. Den Kuchen weitere 15 Minuten gehen lassen. Den Backofen auf 200 °C (Ober-/Unterhitze) vorheizen.

- Den Kuchen im heißen Backofen ca. 35 Minuten backen.

Tipp ▶▶▶
Alternativ zu Streuseln schmeckt der Zwetschgenkuchen auch mit gehobelten oder gestifteten Mandeln und einer Zimt-Zucker-Mischung bestreut. Als Sahnehäubchen versüßt vegane Schlagfix Sprühsahne das sommerliche Kaffeekränzchen.

VERSUNKENER APFELKUCHEN
Klassischer Kuchen für jede Jahreszeit

Eintauchen in die versunkene Welt uriger Gemütlichkeit: Dieser Apfelkuchen bringt den längst verloren geglaubten Geschmack der Kindheit zurück. Als das Obst aus dem Garten seinen Weg in den Sonntagskuchen fand und die ganze Familie ein Stück davon abhaben wollte.

 20 Minuten
+ 30 Minuten Backzeit

 gelingt einfach

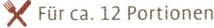 Für ca. 12 Portionen

Zutaten

300 g Weizenmehl

1 Päckchen Backpulver

120 g Zucker

1 Päckchen Vanillezucker

160 g Apfelmus

160 ml Mandelmilch

100 g gemahlene Haselnüsse

vegane Margarine zum Einfetten

3 Äpfel

etwas Zimt

Zimt & Zucker zum Bestreuen

- Den Backofen auf 180 °C (Ober-/Unterhitze) vorheizen.

- Mehl, Backpulver, Zucker, Vanillezucker, Apfelmus, Mandelmilch und Haselnüsse in eine Schüssel geben und zu einem Teig verkneten.

- Eine Springform mit Margarine einfetten und den Teig einfüllen.

- Die Äpfel schälen, entkernen, vierteln und die Viertel der Länge nach einschneiden. Mit etwas Zimt bestäuben. Die Äpfel kreisrund angeordnet in den Kuchenteig hineindrücken, sodass sie oben noch herausschauen.

- Den Kuchen im heißen Backofen ca. 30 Minuten backen. Anschließend den Kuchen auskühlen lassen und mit Zimt und Zucker bestreuen.

Tipp ▶▶▶ Nach Wunsch tauchen auch Rosinen und Walnüsse in den Teig ein. Die Äpfel sollten fest sein, sonst bekommt ihnen die Expedition nicht. Am sichersten sind die Sorten Jonagold, Boskop, Gloster oder Cox Orange.

ALS BETTHUPFERLE

Das Ripple Schokolade, begleitet von einer Gute-Nacht-Geschichte: Eine klassische Kombination aus Kindheitstagen. Genauso sind viele Gerichte für uns mit Geschichten verknüpft. Nicht selten sind es die süßen Sünden, die besonderen Sonntagsgerichte, die von der gekonnten Hand an die nächste Generation weitergereicht wurden. Wir erinnern uns an die dauergewellten Großmütter und die kochgewandten Mütter, die ihre Liebe dampfend, karamellisiert und zuckersüß durch den Magen gehen ließen. Gebt diese Geschichten zusammen mit den süßen Speisen weiter und macht sie damit unsterblich.

APFELKÜCHLE
Omas Original mit Zimt und Zucker

Das Rezeptle, mit dem alles begann: Eines Morgens würfelte ich Äpfel in den veganen Pancake-Teig und wurde vom hausgemachten Geschmack der Apfelküchle aus Omas Küche überrascht. Die Idee zu diesem Buch war gebacken.

 40 Minuten

 gelingt einfach

 Für ca. 15 Küchle

Zutaten

250 g Mehl

100 g Zucker

etwas Salz

1 TL Backpulver

30 ml Sonnenblumenöl

250 ml Mandelmilch

3 große Äpfel

Sonnenblumenöl
zum Braten

Zimt & Zucker

1 Päckchen Vanillezucker

- In einer Schüssel das Mehl, Zucker, Salz und Backpulver mischen. Öl und Milch hinzugeben, bis der Teig die Konsistenz von Pfannkuchenteig hat.

- Die Äpfel schälen und mit einem Apfelentkerner den Strunk herausschneiden.

- Die Äpfel in 1 cm dicke Scheiben schneiden, es ergeben sich Scheiben mit einem Loch in der Mitte.

- Diese Apfelscheiben in den vorbereiteten Teig tunken, sofort in eine Pfanne mit Öl geben und von beiden Seiten goldbraun braten. Alternativ können die Apfelküchle auch frittiert werden: Von beiden Seiten etwa 2 Minuten im heißen Fett schwimmen lassen, bis sie goldbraun sind.

- Die Küchle auf einem Küchenpapier abtropfen lassen. Zimt und Zucker mit Vanillezucker mischen und die noch lauwarmen Küchle darin wenden.

Tipp ▶▶▶ Wer kein Meister im Obstschnitzen ist, verwendet für das Herauslösen des Strunks am besten einen Apfelentkerner. So werden die Küchle eine runde Sache. Ist dieses Werkzeug nicht zur Hand, können die Äpfel auch einfach fein gewürfelt in den Teig geworfen werden. In dieser Variante empfiehlt sich das Ausbacken in der Pfanne mit esslöffelgroßen Portionen der Apfel-Teig-Mischung.

DAMPFNUDELN MIT VANILLESOßE
Luftige Kloßfahrt mit karamellisierter Kruste

Ein Kapitalverbrechen meiner Kindheit war das Anheben des Deckels, während die Dampfnudeln in der Pfanne aufbacken, denn den gewissen Fluff verdanken die Hefeklöße ihrer ungestörten Dampfsauna. Wer Dampf ablässt, gefährdet das sensible Gleichgewicht zwischen Kloß und Kruste.

 2 Stunden (inkl. Ruhezeiten)

 aufwendig, aber machbar

 Für ca. 10 Dampfnudeln

Zutaten

Für den Teig:

300 ml Mandelmilch

1 Würfel Hefe

3 EL Zucker

500 g Mehl

1 Prise Salz

100 g zimmerwarme vegane Margarine

Zucker und Mandelmilch für den Topf

Für die Vanillesoße:

500 ml Mandelmilch

2 EL weißes Mandelmus

1 EL Stärke

4 EL Rohrzucker

etwas gemahlene Vanille

Salz

• Zuerst die lauwarme Mandelmilch gründlich mit Hefe und Zucker verrühren. Dann das Hefegemisch zum Mehl in eine Schüssel geben. Das Salz und die zimmerwarme Margarine hinzufügen.

• Mit einer Küchenmaschine oder per Hand den Teig 15 Minuten gut durchkneten und anschließend mit einem Tuch abgedeckt ca. 30 Minuten gehen lassen.

• Faustgroße Kugeln (jeweils 90 g) aus dem Teig formen, mit Frischhaltefolie abdecken und weitere 20 Minuten gehen lassen.

• Den Boden eines gusseisernen Topfs mit Zucker bestreuen und etwa 2 cm hoch Mandelmilch dazugießen.

• Die Dampfnudeln in den Topf setzen, den Deckel aufsetzen und 20 Minuten bei geringer Hitze ziehen lassen, bis die Flüssigkeit verdampft ist und man ein Knistern hört. Dann sind die Hefeklöße am Boden karamellisiert.

• Für die Vanillesoße alle Zutaten in einem Topf vermischen und gut verrühren. Erst jetzt unter Rühren aufkochen. Die Vanillesoße noch warm oder gut durchgekühlt servieren.

BADISCHE SCHERBEN
Fastnachtsküchle zum Närrischwerden

Fettgebackene Teigscherben gehören zur schwäbisch-alemannischen Fastnacht wie das Narri zum Narro. Schon im Mittelalter nutzten Narren das Schweineschmalz (Dialekt: „Schmutz") vom Schlachttag für das Frittieren der Fastnachtsküchle. Wir verwenden lieber Rapsöl.

 1 Stunde (inkl. Ruhezeiten)

 aufwendig, aber machbar

 Für ca. 80 kleine Scherben

Zutaten

500 g Mehl

½ Päckchen Backpulver

250 ml Mandelmilch

2 EL Puderzucker

2 EL Öl

2 EL Zitronensaft

1 Prise Vanille

Rapsöl zum Frittieren

Puderzucker zum Bestäuben

• Alle Zutaten zu einem Teig verarbeiten und 30 Minuten im Kühlschrank ruhen lassen.

• Den Teig mit einem Nudelholz oder einer Nudelmaschine millimeterdünn ausrollen und in kleine Rechtecke schneiden. Die Scherben mit einer Gabel einstechen, damit sie beim Frittieren nicht wie kleine Kissen aufgehen.

• Einen hohen Topf mit Rapsöl füllen und erhitzen. Das Öl hat die richtige Temperatur erreicht, wenn man den Holzstiel eines Kochlöffels hineintaucht und kleine Blasen aufsteigen.

• Mit einem Schaumlöffel die Scherben in das Öl geben und von beiden Seiten goldbraun frittieren. Auf einem Küchenpapier abtropfen lassen.

• Mit Puderzucker bestäubt servieren.

Tipp ▶▶▶ Zur Fastnachtsfeier isst man die Scherben narrensicher einfach kalt oder noch warm mit Puderzucker. Zu Hause passt auch Kompott zu den Küchle. Fest eingetuppert bringen diese Scherben auch nach einer Woche noch geschmackliches Glück.

STRIEBELE

Wildes Teiggeflecht für Nestrocker

Die strebsamen Striebele, die gerne ein Schwarzwälder Kuckucksnest wären, mausern sich zum internationalen Süßspeisen-Star. Süddeutsche Auswanderer siedelten das Fettgebackene in den USA unter dem Namen „Funnel Cake" an.

 40 Minuten

 aufwendig, aber machbar

 Für ca. 2 Portionen

Zutaten

300 g Mehl

½ Päckchen Backpulver

300 ml Mandelmilch

2 EL Zucker

1 Prise Vanille

Rapsöl zum Frittieren

Puderzucker zum Bestäuben

- Alle Zutaten zu einem Teig verarbeiten.

- Einen hohen Topf mit Rapsöl füllen und erhitzen. Das Öl hat die richtige Temperatur erreicht, wenn man den Holzstiel eines Kochlöffels hineintaucht und kleine Blasen aufsteigen.

- Den Teig in eine Spritztülle einfüllen. Mit kreisenden Bewegungen die Hälfte des Teigs an einem Stück in das heiße Fett fließen lassen, sodass der Teig in Schnüren aufeinander geschichtet wird und aussieht wie ein Vogelnest.

- Nach ein paar Minuten das Nest im Topf wenden, sodass es von beiden Seiten goldbraun frittiert wird. Dann mit einem Schaumlöffel oder einer Zange herausnehmen, auf Küchenpapier abtropfen lassen.

- Die zweite Hälfte des Teigs ebenfalls mit der Spritztülle ins heiße Fett geben und von beiden Seiten goldbraun frittieren.

- Mit Puderzucker bestäubt servieren und genießen, solange es noch warm ist.

Tipp ▶▶▶ Wie schon der amerikanische Name „Funnel Cake" vermuten lässt, wird der Teig auch mit einem dünnen Trichter ins heiße Fett gegeben. Wer weder Spritztülle noch Trichter zur Hand hat, behilft sich mit einem Gefrierbeutel, an dem er eine kleine Ecke abschneidet und ihn so zur Tülle umfunktioniert.

TUTTI-FRUTTI
Süße Früchtchen im Lagenlook

Schicht für Schicht ein Gedicht: Das britische Trifle war in den 50er Jahren ein angesagtes Trenddessert unter werdenden Großmüttern. Die Omas von heute machten es zusammen mit Toast Hawaii und anderen Kreationen zu Kindheitserinnerungen der Nachkriegsgeneration.

 20 Minuten
+ 2–3 Stunden Ziehzeit

 gelingt einfach

 Für 8 Portionen

Zutaten

300 g Löffelbiskuits

500 g Obst aus der Dose

1 Päckchen Vanillepudding-pulver

600 ml Kokosmilch

75 g Zucker

- Die Böden von ca. 6 Dessertgläsern oder einer Auflaufform mit Biskuits auslegen. Die Obststückchen abtropfen lassen und darüber schichten.

- Das Puddingpulver mit 100 ml Kokosmilch und Zucker anrühren. Die restlichen 500 ml Kokosmilch zum Kochen bringen, vom Herd nehmen und das Puddingpulver unterrühren. Dann nochmal kurz aufkochen lassen.

- Zum Schluss die Vanillecreme über die Obstschicht geben und erkalten lassen. Nach Wunsch mit ein paar Obststücken garnieren. Vor dem Servieren etwa 2–3 Stunden durchziehen lassen.

Tipp ▶▶▶ Natürlich zählen die inneren Werte, doch das Auge isst ja bekanntlich mit. Deshalb wirken die farbenfrohen Früchte besonders gut in einer Glasschüssel, dekoriert mit frischen Beeren und einem Hauch Zimt und Zucker.

SERVICE

ZUM WEITERLESEN

Karen Duve:
**Anständig essen,
ein Selbstversuch**

Jonathan Safran Foer:
Tiere essen

Celine Steen und
Joni Marie Newman:
**Vegan kochen – so klappt
die Umstellung**

Sebastian Copien:
Die vegane Kochschule

www.veganerezeptle.wordpress.com
www.facebook.com/veganerezeptle
www.dieumsteiger.blogspot.de
www.wholestory.de
www.vebu.de
www.veganfreundlich.org
www.thinkveganblog.blogspot.de
www.kochenohneknochen.com
www.vegane-gesellschaft.org
www.deutschlandistvegan.de
www.peta.de
www.vegan.com

ZUTATEN

www.veganz.de
www.alles-vegetarisch.de
www.taifun-tofu.de
www.veganleben.de
www.lherbivore.de
www.der-vegetarische-metzger.de

DANKSAGUNG

Auch wenn ich es ihnen nicht mehr persönlich sagen kann, danke ich vor allem Mama und Oma für meine zuckersüße Kindheit mit liebevollen Lieblingsspeisen. Danke, dass mir eure Gerichte immer wieder eine ganze Welt voller Erinnerungen eröffnen. Bei Oma war alles blau – das Sonntagsgeschirr, die Kittelschürze und manchmal auch Opa. Bei Mama war jeder Teller voller Liebe. In ihren Notizen schlummert das beste Kochbuch der Welt.

Genauso dankbar bin ich natürlich Papa, der konsequent seinen Aufschnitt mitbringt, wenn er mich besucht.

Danke an alle Freunde, die das Gekochte verkostet und mit wertvollen Tipps verfeinert haben. Danke auch dem Club Culinaire, der seine wunderschöne Küche für unsere Fotos zur Verfügung gestellt hat. (www.event-kochen-berlin-charlottenburg.de)

REZEPTE SCHNELL FINDEN

BILDQUELLEN

Alle Rezeptfotos und das Titelbild stammen von
Nileen Marie Schaldach (www.schaetzeausmeinerkueche.de).

Alle Autorenfotos stammen von Scarlett Werth
(www.scarlettwerth.com).

Die in diesem Buch enthaltenen Empfehlungen und Angaben sind von
der Autorin mit größter Sorgfalt zusammengestellt und geprüft worden.
Eine Garantie für die Richtigkeit der Angaben kann aber nicht gegeben
werden. Autorin und Verlag übernehmen keine Haftung für Schäden
und Unfälle. Bitte setzen Sie bei der Anwendung der in diesem Buch
enthaltenen Empfehlungen Ihr persönliches Urteilsvermögen ein. Der
Verlag Eugen Ulmer ist nicht verantwortlich für die Inhalte der im Buch
genannten Websites.

IMPRESSUM

Bibliografische Information der Deutschen Nationalbibliothek

Die Deutsche Nationalbibliothek verzeichnet diese Publikation in der
Deutschen Nationalbibliografie; detaillierte bibliografische Daten sind
im Internet über http://dnb.d-nb.de abrufbar.

© 2017 Eugen Ulmer KG
Wollgrasweg 41, 70599 Stuttgart (Hohenheim)
E-Mail: info@ulmer.de
Internet: www.ulmer-verlag.de

Lektorat: Anja Fleischhauer, Antje Munk, Lisa Seibel
Herstellung: Gabriele Wieczorek
Umschlagentwurf, Layout & Satz: Antje Warnecke, nordendesign.de
Reproduktion: timeRay Visualisierungen, Jettingen
Druck und Bindung: Westermann Druck, Zwickau
Printed in Germany

ISBN 978-3-8001-0885-5